ICT活用編

ICTの活用アイデア&授業実践例

食育実践集

藤本勇二 編著

全国学校給食協会

はじめに

　本書は、主体的・対話的で、深い学びとなる食育の授業づくりを支援するためのICT活用を提案する意図でまとめました。さらに、個別最適な学びと協働的な学びの往還を食に関する指導において実現する手立てとしてのICTの可能性について、事例をもって紹介します。ICT活用によって学校における栄養教諭の存在意義を明確にすることを目指しています。

　第1章では食育の現場でICTをどのように活用していけばよいのかを整理しました。文部科学省のICT関連の文書を基に、食育の視点から記述しています。第2章からは、実際に授業に活用するには、どういう場面が考えられるか5つの場面を想定しました。藤本が主宰する「学校における食育実践を考える研究会」に所属する栄養教諭の先生方にご協力いただき、操作方法も含めて具体的に示しています。第3章は、ICTを活用した授業実践例を授業の流れとともに16例まとめています。いずれの事例も児童生徒の学びを確かに深める取り組みとなっています。

　本書をご覧になる皆さまの中には、これからICTを活用したいと思われている方も多いと思います。皆さまに最初にお伝えしたいのは、ICTはあくまでも手立ての一つであるということ、「便利なときにだけ使いましょう」ということです。子どもたちの意見をもっと引き出したい、クラスの友達の意見と比べることによって学習をより深めたいなど、日ごろの授業の悩みや乗り越えたい課題があってこそ、ICTを活用する良さが最大化します。

　したがって授業づくりは、これまでと変わりません。児童生徒の実態を踏まえ、育てたい児童生徒像を明確にする。その上で担任や他の先生方と協働しながら授業づくりを進めていく。そして、これまで取り組んできたことをより円滑に、いっそう深まりをもって実現するためにICTを生かす。ICTは授業をつくってくれるわけではないことを踏まえて、ICTの強みを本書から読み取っていただければ幸いです。

　なお、ICTの環境は日進月歩、いやそれ以上に日々変わってきています。したがってICTをどのように操作をするのかということよりも（慣れていただくことは大切ですが）、それ以上に何のために、ICTをどのように使うのか、ということに目を向けて読んでいただければ幸いです。皆さまの日々の熱意ある真摯な取り組みを、本書が支援することができれば幸いです。

藤本勇二

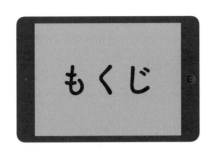

もくじ

第1章　食育でICTをどう活用するか

第2章　食育授業でのICT活用アイデア

ICTを活用した授業実践例

📣 コラム“ひとくちレッスン”さくいん

※本書に記載する「ICT」とは、情報通信技術（Information and Communication Technology）の略称です。
※Microsoft Word（ワード）、Microsoft Excel（エクセル）、Microsoft PowerPoint（パワーポイント）等は、米国Microsoft社の登録商標です。そのほか、記載されている会社名、製品・アプリ・ソフト名は、各社の登録商標および商標です。
※本書に掲載している情報（Google社やMicrosoft社等のソフト）は、執筆時（2024年4月）のものです。アップデート等により変更になる可能性もありますので、ご了承ください。

食育でICTを
どう活用するか

学校現場の急速なICT化

　文部科学省は、2019年にGIGAスクール構想を打ち出しました。1人1台の端末と高速通信環境の整備をベースとして、「個別最適化され、創造性を育む教育」を実現させる重要な施策です。そして、2020年の新型コロナウイルス感染拡大による緊急事態宣言を受け、学校教育を継続させるために、ICT推進が一気に加速しました。

　この急速なICT化の流れの中で、栄養教諭・学校栄養職員（以下、栄養教諭等）はどのようにICTを食育に活用すればいいのでしょうか。本章では食育実践へのICT活用について、具体化していくための方向性を共有できればと思っています。

ICT活用の強みとは

　「令和の日本型学校教育」の答申において、「今後、ますます多様化する社会の変化の中で、子供たちの置かれている生活環境も様々であり、食育においても今まで以上に個別に寄り添った支援が求められる。」[1]と示されました。これは個別に寄り添った支援をこれまで以上に時間と手間をかけて実践するということではなく、ICTを活用して個別に寄り添った支援をし、それをいかに食育の成果につなげるかが問われているのです。

　では、ICT活用の強み・特性とは何でしょうか。「『2020年代に向けた教育の情報化に関する懇談会』最終まとめ」[2]の中で、以下の3点を挙げています。

①多様で大量の情報を収集、整理・分析、まとめ、表現することなどができ、カスタマイズが容易であること
②時間や空間を問わずに、音声・画像・データ等を蓄積・送受信でき、時間的・空間的制約を超えること
③距離に関わりなく相互に情報の発信・受信のやりとりができるという、双方向性を有すること

　これを食育推進に当てはめると、学校教育全体で食育を進めるに当たってこれまで課題とされてきた、実態把握、共通理解、推進体制の整備、深い学びの実現に、ICTは大きな役割を果たします。特にアンケートの回答処理と結果の視覚化・共有化は、ICTの一番の強みです。

　また、学校内だけでなく、学校給食センターと受配校間、栄養士間、地域間の円滑で迅速な連絡・調整・連携を促進し、個別

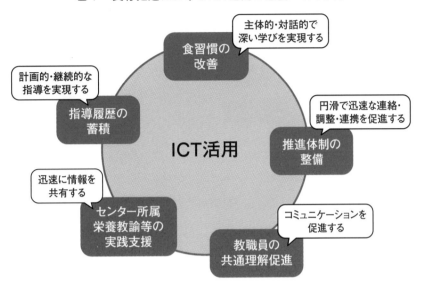

図1　食育推進におけるICT活用の意義　（筆者作成）

主体的・対話的で
深い学びを実現する

食習慣の
改善

計画的・継続的な
指導を実現する

円滑で迅速な連絡・
調整・連携を促進する

指導履歴の
蓄積

ICT活用

推進体制の
整備

迅速に情報を
共有する

コミュニケーションを
促進する

センター所属
栄養教諭等の
実践支援

教職員の
共通理解促進

かつ具体的なやり取りを通じてコミュニケーションを引き出すツールとして働きます。さらに映像を用いた視覚化や一人ひとりの特性に応じることによるわかりやすい授業、意見の共有や対話を通して自分の考えを深める授業を実現する。その上で家庭との接続、学習履歴を踏まえた適切な指導を可能にし、個別最適な学びと、協働的な学びの一体的な充実、食育においては食習慣の改善につなげられるのです（図1）。

ICTの環境は？

　ICT環境の整備について、ざっと全体像を把握しておきましょう。まず、校務用PCや電子黒板、タブレット等、端末配備のある・なし、校内のLAN環境、学校からインターネットに接続する経路の構成等、ハード面の環境整備に違いがあります。

　個人のPC・スマホ等を使って、スケジュール管理や文書作成、プレゼンテーションソフトを使った教材作成等はすでに行っていると思います。これも立派なICT

の活用です。

①クラウドの活用

　クラウドとは、インターネットなどのネットワークを利用して、利用者が必要な時に必要なサービスを受けられる仕組みです。クラウドを利用したサービスのことをクラウドサービスといいますが、アカウントを作り、インターネットに接続してIDとパスワードを入力すれば、さまざまなサービスを受けることができます。多くの人がすでに利用している電子メール等も一つですが、教職員の業務改善ができ、授業支援を行うクラウドサービスもあります。

②端末に搭載しているOSの違い

　そして指導者用・児童生徒用の1人1台端末ですが、ご存じの通り、全国一律で同じ端末というわけではありません。各校のICT環境は、何の端末とOS（端末のシステム全体を管理するもの）を選んだかというハード面と、どんなクラウドサービスを選ぶかというソフト面との組み合わせに

図2　GIGAスクール調達・導入端末のOSシェア（予定含む）（自治体数　n=1,478）

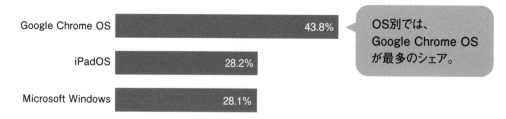

※調査時期：2020年11月24日～2021年1月27日。調査対象1,741の自治体のうち、端末の導入状況について
回答を得た1,478の自治体を対象としている。数値は、四捨五入の関係で、構成比の割合は100%にならない。
出典：「GIGAスクール構想実現に向けたICT環境整備調査」MM総研

図3　学校で活用している授業支援系クラウドの上位4種類（筆者作成）（栄養教諭・学校栄養職員等　n=156）

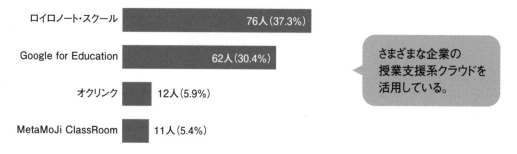

※アンケートの回答に記載されていた呼称のままを明記。「Google for Education」はGoogle社の教育プログラムの総称であり、
授業支援ツールとしては、「Google Workspace for Education」。「オクリンク」は、ベネッセコーポレーション社のタブレット学
習ソフト「ミライシード」の中の授業支援ツール。
※ほかに、「Inter CLASS（チエル社）」「SKYMENU Cloud（Sky社）」「eライブラリ（ラインズ社）」等の回答があった。

よって変わってきます。MM総研が実施した「GIGAスクール構想実現に向けたICT環境整備調査」を図2に示しました。

　OSの種類を見ていくと、Google Chrome OSが43.8%と最多で、iPadOSは28.2%、Microsoft Windowsは28.1%となっています。

　最も台数の多いGoogle Chrome OSを搭載したChromebookは、特に人口密度の高い都市部での採用が多く、Microsoft Windowsは、地方部の採用が多く見られます。iPadOSは小学校低学年や特別支援学級、特別支援学校など、キーボードなしで入力する活用を想定したケースでの採用が多い傾向にあると分析しています[3]。

③さまざまな授業支援系クラウドサービス

　このように端末に搭載しているOSの違いがあり、その上自治体や学校によって採用している授業支援系クラウドサービス（以下、授業支援系クラウド）が違うことで、活用の幅が異なってきます。

　授業支援系クラウドというのは、「紙と黒板による学習とをミックスした形態」を実現するサービスです。端末の画面上で班活動やワークショップができるように、さまざまな機能（思考ツール等）があり、データを共有したり、提出したりすることができます。

　筆者が主宰する研究会の栄養教諭等に、学校でどんな授業支援系クラウドを使って

図4　食育推進における ICT活用のステップ（筆者作成）

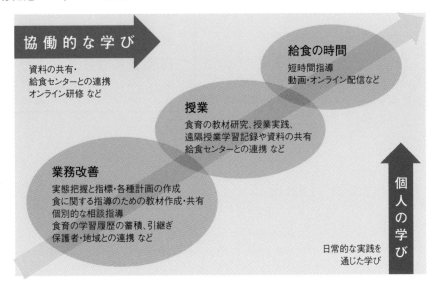

いるか、アンケートを取りました（回答の名称のまま集計）。2トップがLoiLo社の「ロイロノート・スクール」とGoogle社の「Google for Education」で、ベネッセコーポレーション社の「オクリンク（ミライシード）」、MetaMoJi 社の「MetaMoJi ClassRoom」などとなっています（図3）。

　このようにさまざまな企業のクラウドを授業で活用しているわけです。端末とOS、クラウド等の組み合わせがこれだけあることが、指導者側の学びにくさにつながっています。一方で、各自治体・各校で積み上げていく協働的な学びが重要となってくるのです。

　栄養教諭等の皆さんには、専用端末が配布されているでしょうか。まずは各自治体・各校・各施設でどのような端末、どのような授業支援系クラウドが活用されているかを確認してみましょう。

　個人でアカウントさえ作れれば、試しに操作できる場合もあります。使いこなすための環境を整えましょう。

> すでに取り組んでいることを
> ICTに置き換えていくことが
> ポイント

ICT活用のステップ

　さて「ICT」といっても、業務で使うのか、授業で使うのか、動画なのかオンラインなのか等、たくさんの種類や活用方法があり、どこから手を付けていいかは、多くの先生方が悩むところでしょう。活用のステップとして、私は「①業務改善→②授業→③給食の時間」の流れをおすすめします（図4）。

　ここで大切なポイントは、ICTの活用が先にあるのではなく、皆さんがすでに取り組んでいることをICTに置き換えていくことです。その方が負担は少なく、ICT活用の強みや特性を捉えやすくなります。

　その結果、異なる場面や場所での活用に結び付けやすくなります。授業も担任との

ＴＴ（ティーム・ティーチング）を原則とすれば、担任が進めるICT活用の授業に沿った実践をすればよいので、取り組みやすくなります。その後、栄養教諭等が単独で実践することになる、給食の時間における食に関する指導へと進めていく方が得策です。

ただし、あくまでもこれは栄養教諭等が１人で実践するステップにおいての原則です。例えば市内の栄養教諭等のグループで動画を作成し、共有するのであれば、給食の時間に流すノウハウを身につけ、実践すればいいし、校内でのオンライン配信の実績があり、そこに食に関する指導を載せていけるのであれば、そこから先に取り組めばよいでしょう。

つまり、ICTで取り組みやすい場面を見つけて、実践を積み重ねていけばいいのです。こうしたICT活用のステップを支えるのが栄養教諭等自身の「個人の学び」と、仲間や研修会等での「協働的な学び」ですが、後述する「協働的な学び」の意義が大きいと考えます。

食育へのICT活用

食育実践では、現状の課題を乗り越えるための「手段」としてICTを使うことが前提です。まずは「児童の実態把握を迅速に進めたい」「給食室の中を映像で見せたい」「生産者の話を聞かせたい」など、何が課題となっているのかを明確にすることから始めましょう。

業務改善にICTを活用するのであれば、「これまでの業務のどこにICTを取り入れるとどんな利点があるか」を考えること、授業においてICTを有効に活用したいのであれば、「授業づくりとICT活用を同時に考えない」ことが大切です。

```
取り組みやすい
場面を見つけて、
ちょこっとICTを積み上げる
```

実践したことのある授業を基に、「ここでICTを活用したら共有が一気に進むであろう」「学習内容の振り返りに使ってみよう」と、ICTを活用する場面を検討します。こうして自分の経験や実践に「ちょこっとICT」を載せていくのです。

本書では、ICTを活用した授業実践事例をまとめていますが、業務改善、給食の時間も含めて、ここでは簡単に活用法を考えたいと思います。

（１）ICTを活用した業務改善
①時間短縮に！

これまでも取り組んできた、

○実態把握と指標の設定、各種計画の作成
○連携・調整
○給食管理
○個別的な相談支援
○教材等の共有

は、ICTの活用によって円滑で迅速に進められます。それによって時間の余裕が生まれ、実践を振り返ったり、児童生徒一人ひとりを見つめ直したりして取り組みの質を高めていく、さらにはPDCAのサイクルを回すことができます。

②アンケート集計が簡単！

教職員、児童生徒、保護者にアンケートを行う際に、Webアンケートシステムを利用して質問を作成、回答の受付ができ、瞬時に集計を行うことができます。これに

より事務作業の軽減、集計作業の効率化と正確性の向上を図ることができます。

アンケートフォームには、GoogleフォームやMicrosoft Forms等、それぞれの自治体や学校が採用しているアプリケーションやツールがあると思います。保護者向けの一斉メール配信ツールがあれば、アンケートフォームを載せることができますし、特にない場合でも、給食だより等の配布物にリンク先のQRコードを掲載すれば、代替できます。

Webアンケートを実施している先生方に利点を伺うと、1人1台端末を使って、朝の会や授業終わりの短い時間で簡単にアンケートを実施することができ、また児童生徒も気軽に参加しやすいこと、リアルタイムで集計状況が把握でき、格段に時間短縮になっていると教えてくれました。

③教職員間の情報共有が楽！

クラウド上で書類を共有する校務系システムもすでに導入が進んでいると思います。ここでのクラウドは、書類等を自由に出し入れできる「倉庫」のようなイメージ、さらに「共同編集機能」があるということがポイントです。教職員がファイルを開いて書類を読んだり新たに書き込んだりすることができ、その書類はその都度保存されて、共同編集を同時進行で行うこともできます。書類が電子化されることで、印刷、確認、報告の時間を削減できます。

例えばクラウド上で、授業や短時間指導の教材、指導案等を共有すれば、これまでに作成されている資料を簡単に出し入れすることができ、共同編集機能を使って加筆修正等も容易です。実践を基に修正したものを保存する、この繰り返しを通じて児童生徒にとって、よりよい教材や指導案の作成につながっていきます。何よりゼロから作ることの時間的な負担を軽減できるでしょう。

またプレゼンテーション、表計算など用途に合わせた機能があり、作成したものをクラウド上で共有できます。実態把握を基に課題を見つけたり、手立てを議論したりする際には、コミュニケーションができるチャット機能があるものも有効です。参加者間でリアルタイムに書き込むことができ、他者のさまざまな考えに触れられること、書き込みの内容が残るため、議論を深められる等の利点が挙げられます。

ただ、すべてを新しいシステムに合わせるのでは操作を覚える負担が大きくなります。すでにエクセル等の表計算ソフト、ワード等の文書作成ソフトを使っている点を踏まえると、少しずつ使い方を変えていくことが、ICT活用の実際につながるという点を確認しておきたいと思います。

（2）ICTを活用した授業実践

ICTの活用は、一人ひとりに合った学びを実現するという点から、個別最適な学びに大きく貢献します。文部科学省では、「教育の情報化に関する手引－追補版－（令和2年6月）」で、ICTをどう教育の中で活用するか、枠組みを示しています。「一斉学習」「個別学習」「協働学習」という3つの枠組みです。

①一斉学習に活用！

教師が、電子機器を使って教材（献立表等）を提示する学習です。資料を拡大したり音声や動画を一斉に見せ、全員が「わかる」ように、提示します。ここでは、これまで使われてきた書画カメラやプレゼンテーションソフトを使うことも、有効です。

食育へのICT活用

○業務改善に活用
▷時間短縮に！
▷アンケート集計が簡単！
▷教職員間の情報共有が楽！

○授業実践に活用
▷一斉学習に活用！
▷個別学習で思考を深める！
▷協働学習が広がる！

○給食の時間に活用
▷一斉学習に有効！
▷記録することで共有できる！
▷遠隔指導が可能に！

本書では「情報提示」として整理しています（19-21p）。

②個別学習で思考を深める！

デジタル教材等の活用により、疑問に思ったことを深く調べたり、自分に合った進度で思考を深めたりする学習です。端末の持ち帰りによる家庭学習もこれに含みます。インターネットで検索して情報を集めたり、端末のカメラ機能で画像や映像を撮影して資料を集め、整理・分析したりする活用法があります。

教師が教材等を使うことから、児童生徒自身が使うことに移っていくことが大切です。教師がこれまでの実践で蓄積した資料を集め、その都度提示し、実践したことを記録することで終わっていたものが、ICTを活用することにより、その資料や記録が自動的に蓄積されていくわけです。その蓄積された資料をクラウドから自由に取り出し、児童生徒が取捨選択する学習につなげていくことを目指すのです。

本書では「整理・分析」「表現・発表」「振り返り」として整理しています（22-35p）。

③協働学習が広がる！

タブレット端末や電子黒板等を活用して、教室内だけでなく、他地域や海外の学校との交流学習、児童生徒同士による意見交換や発表など、互いの学びを高め合うことを通して、思考力、判断力、表現力などを育成することが可能となる学習です。

本書では「共有・交流」として整理しています（36p）。

（3）ICTを活用した給食の時間
①一斉学習に有効！

動画の視聴やオンライン配信をすることで、学んだことを確かめながら給食に向かうことができます。教科等の学習を実践する給食の時間がより効果的になります。また、給食の時間から教科等や、家庭生活につなげていくきっかけ、動機付けとなる効果もあります。

②記録することで共有できる！

　さらに給食の時間のために作成した動画は、伝えたい内容を焦点化している優れた教材であり、授業でも教材として使う意義があります。ICTの強みである「記録する」ことで「共有する」ことにつなげることができます。

　給食を通して伝えられることは無限にあるので、動画のネタには困らないと思いますが、動画作成には労力がかかります。作成することの効果を俯瞰してみることが大事です。給食の時間に動画を流す効果的なタイミングや回数（月に1回など）は、教室の児童生徒の反応を担任から聞き取りするなど、皆さん自身が実態に照らして確認し、見直していきましょう。

③遠隔指導が可能に！

　また、オンライン配信によって給食センターや共同調理場から遠隔して各教室に直接つなぐことができるので、作り手の姿を通して、児童生徒にとっての給食の意味が間違いなく、より豊かになります。栄養教諭等や調理員にとっても、児童生徒の姿から多くのことを学ぶ機会となるでしょう。

　端末のカメラ機能を使って、給食の時間の前後で、自分の給食献立の写真を撮り、記録すれば、「個別学習」や「個別支援」にもつなげられ、他者と比較して給食の適量等を知る「協働学習」にもつながります。

ICT活用のポイント　7ヵ条

　第2章からは、食育の授業でICTをどう活用するか、具体的な実践を見ながら紹介していきたいと思いますが、その前に、押さえておきたいポイントを確認したいと思います。

1．目的と手段を間違えないこと

　GIGAスクール構想で強調されているのは、1人1台の端末です。もちろん、多様な児童生徒一人ひとりに個別最適で、資質・能力が一層確実に育成できる教育の実現は、タブレット端末をはじめとした学習者用コンピューターが得意とする部分です。

　環境整備として目指すことではありますが、すべての学習が1人1台の端末を使ったものであるべきではありません。時には2人に1台の端末を通して、対話や交流を引き出す授業づくりも大切です。

　最近、ICTを使うことが目的になっていたり、必要ないのにわざわざ使う授業が目立ってきました。ICT環境が整ってきたことは歓迎すべきですが、ICTの良さを生かし切れていない、もっと言えばICTを活用することで授業の質が落ちている、本末転倒な状況が生まれてきています。

　タブレット端末は、あくまで学習指導要領が目指す「主体的・対話的で深い学びの実現」に向けた授業改善のための「手段」であることを共通認識にしていきたいと思います。何を目指すためのタブレット端末であるかを自覚することが大切です。

　今後は、使う必要があるかどうか、ICTが必要かどうかを吟味することが大切です。そのためには目の前の児童生徒の姿を見取り、課題を明確にすることが必要です。ICTを活用するかどうかを常に問い続ける、それが栄養教諭の専門性の発揮に、大きく関わってくることを自覚しましょう。

2．デジタルの強みを学びの質に生かす

　ICTの強みの一つは、資料を収納する倉庫の大きさと取り出しやすさです。例えば食育では、おやつの良い選び方を考える、バランスのいい食事の献立を作る、旬の食

ICT活用のポイント　7ヵ条

1. 目的と手段を間違えないこと
2. デジタルの強みを学びの質に生かす
3. ICTを使い分ける
4. すべてを得意にする必要はない
5. 発信・受信のサイクルをつくる
6. トラブルを想定して計画する
7. 新たな可能性を広げる

材を生かしたみそ汁を工夫するなど、児童
生徒が参考となる資料や情報を基に検討す
る学習活動がよくあります。過年度の作品
や学習成果を事前に倉庫に入れておけば、
児童生徒が倉庫から取り出して参考にする
ことができ、デジタルは強力な手立てとな
るでしょう。

その際に、資料を取捨選択することで主
体的な学習も対話的な学びも成立します。
このようにデジタルを生かせば、大量の資
料を保存する紙ファイルも段ボール箱も、
それを取り出す時間も少なくて済みます。
それは、教師の業務改善と同じ意味を児童
生徒の学習にもたらし、結果として授業の
質の深さに結び付きます。

熊本県熊本市立西原中学校の松岡珠美栄
養教諭による事例では、生徒が免疫力アッ
プ献立を全校にPRするポスターを作りま
した（84-87p）。美術であればゼロからポ
スターを作りますが、学級活動ですので、
ロイロノートの資料箱にポスター作成の材
料となるようなイラストやテンプレートを
入れておきます。生徒はそれを活用するの
です。教科固有の見方、考え方も発揮され

ています。

このように、あくまでも目指したい授業
があって、その授業をよりよくするための
ICT活用、そうした視点を忘れずにもつこ
とが大切です。

3．ICTを使い分ける

給食の時間にICTを活用する際に、何で
も動画に撮影して配信すれば良いというわ
けではありません。例えば、給食の時間の
箸の使い方の指導で、栄養教諭がいる会議
室と各教室をオンラインでつないだ、同時
双方向の配信方法があります。箸の使い方
を説明した後、担任から児童の様子を伝え
てもらうことで、児童の理解度に応じて指
導に生かすことができるのが、この方法の
利点であり、動画を流すよりも効果的であ
ると実践者は実感していました。

このように、食に関する指導の内容に応
じてICTの活用方法を使い分けることが、
栄養教諭の専門性の発揮につながります。

4．すべてを得意にする必要はない

食育実践においてICT活用の有効性は明

らかですが、ICTのすべてにおいてスキルを身につける必要はないと思っています。むしろ、できないことが質問や問題解決につながり、コミュニケーションを豊かにし、協働性を高めていくのです。

　手始めに一つ、授業や食に関する指導に載せてみることで、見えてくる課題があるでしょう。もちろんそうした「知りたいこと」に答えてくれる情報に出会うためには、「○○をやってみたい」「△△を試してみたけれど、ここから先はどうするのかな」「□□がどうしてもうまくいかない」等、まず自分で取り組み、模索した上で向き合う姿勢が大切です。

　そこから出てくる問題・困ることを洗い出し、やってみてわからないことが出てきたら、インターネットでキーワード検索したり、YouTube動画で調べてみます。例えば、ロイロノートの操作で「生徒に課題を提出させる方法」に行き詰まったとき、「ロイロノート　課題提出」とキーワード検索すればいくつかヒットします。

　このようにYouTube動画内を繰り返し検索する努力も必要です。具体的で小さな困難に対してピンポイントで教えてくれるツールとして、YouTubeに勝るものはないと私は思います。

　栄養教諭等が決してICTの専門家になる必要はなく、それぞれの学校で先生方が保持しているスキルと同程度のスキルをまずはもつことが必要です。そしてインターネット等を活用して徐々に教わりながら、

少しずつ慣れていけばいいでしょう。「習うより慣れろ」です。

　触れてみる、使ってみる、使わないといけない状況に身を置くことによって慣れることが大切です。職員室前の廊下に顕微鏡を置くことで、子どもたちが日常的に顕微鏡に触れ、ある時は上級生が下級生に使い方を教え、技能が格段に上がったというのは有名な話です。順序立てて簡単なことから難しいことへと学ぶだけでなく、とにかく触れてみることでICTの技能は身につくと考えてみませんか。

5．発信・受信のサイクルをつくる

　指導者側が学び方を変えていく必要もあります。一方通行ではない学びの形が大切です。クラウドで共有した資料に改善点を加えて戻す、同僚の教員から学んだことを返していく、地域の研修会で紹介するなど、発信と受信のサイクルが必要です。これまではトップダウンの研修の方法であったものが、これまで以上に市町村単位で共有の様式を作ったり、それぞれの地域の交流を進めていったりする協働的な学びが大切になります。

　実際に端末を操作して、食育に生かすための手立てを探るために、研修を積み重ねている自治体もあります。こうして個別に同じ環境の仲間と学び合うことが大事です。

　また、校内でのコミュニケーションもICTで活性化できます。「先生がやられている○○をやってみたいのですが、教えてください」と話し掛ければ、教えてくれない先生はいないでしょう。このようにして、「食育をやりませんか」と言ってもなかなか動かなかった先生方とつながり、それをきっかけとして食育が展開していく大きな可能性を秘めていると思います。

◀「昆布ロード」をテーマに、北海道と沖縄県の小学校をオンラインでつないだ交流学習。事前学習としてビデオレターの交換やお互いの地域の料理を給食で味わう体験、発表資料の作成等を行い、実感のある交流が実現。（100-107p）

6．トラブルを想定して計画する

　ICTには、機器やネットワークのトラブルがつきものです。これを回避するためには三つの方法があると思います。

　一つ目は、アナログの準備です。紙で同じ資料を用意して、書画カメラで見せる準備をしておきましょう。

　二つ目は、時間に余裕をもって計画することです。これによって活動の焦点化や資料の精選が図られる良さがあります。

　三つ目は、児童生徒の支援を得ることです。困った時には児童生徒が動いたり、教えてくれたりするものです。GIGAスクールが始まった時と比べても、児童生徒のスキルは格段に向上しているし、今後も向上していくと思います。彼らは繰り返し使いながら慣れている、慣れることで危機回避を身につけています。児童生徒に学ぶことも、協働的な学びです。

7．新たな可能性を広げる

　「昆布ロード」をテーマにした北海道と沖縄県の小学校のオンライン交流学習の実践（100-107p）では、学校給食の献立とICTの活用を通して、遠く離れていても実感のある交流が実現し、伝統的な和食文化への理解を深めることができました。コロナ禍でたくさんのモノやコトが失われた中で手に入れた、新しい教育実践の可能性として、オンラインによる和食文化の交流学

> 食をテーマに、
> 北海道と沖縄県をつなぐ
> オンライン交流学習も

習の事例です。

　北海道と沖縄県それぞれの栄養教諭が行った給食献立のレシピ交換はもとより、事前学習の実施、ビデオレターの交換、発表資料の作成など、学校全体を巻き込んでいくことができたのは、日常的な栄養教諭の取り組みの蓄積があったからです。和食文化とICTのマッチングといった新たな可能性を広げていくことが期待されます。

　また今後のICT活用に当たっては、これまで教師がしてきたことを児童生徒に任せることも原則の一つとなっていきます。例えば授業の中で表計算ソフトを使えば、清涼飲料水に含まれる砂糖の量を角砂糖の個数に換算することができ、児童生徒自身が算出する、それ自体が、主体的な学びにつながり、自分ごとになります。こうした「見える化」していく作業を、児童生徒の学習にすることができるのです。

　そして児童生徒が作成したデータを保存し、蓄積していけば、次年度以降の学習にも生かせます。授業以外でも委員会活動にICTを活用すれば、掲示物や校内放送の原

図5　GIGAスクール構想に関する教育関係者へのアンケートで明らかになった主な課題

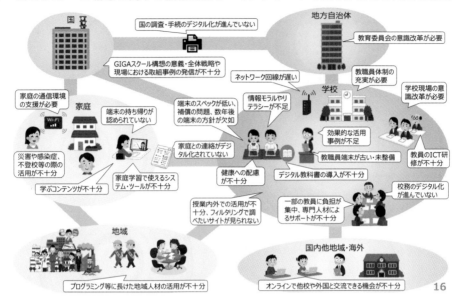

※意見の全てではなく、あくまでも主なものを基に全体像を整理。
出典：「GIGAスクール構想に関する教育関係者へのアンケートの結果及び今後の方向性について」
（2021年9月3日、デジタル庁、総務省、文部科学省、経済産業省）

稿、動画作成等を任せることができます。こうしてさまざまな場面でICTを活用することで、児童生徒が学びの主語になることが実現するのです。

ICTは授業をつくる「宝の箱」ではない

デジタル庁はGIGAスクール構想に関して教育関係者にアンケートを取り、非常にわかりやすい図で公表しています（図5）。この中では、効果的な活用事例が不足、情報モラルやリテラシーが不足、健康への配慮が不十分など、さまざまな課題が挙がっています。同資料では今後の国の施策の方向性についても示しています。

ある調査では、ICTを有効に活用できているのは、ミドルの教員であることがわかっています。あまりにベテランになるとICTが使えないこと、若手はICTが使えても授業を構想し実践する力量が不足してい

ることがその背景にあります。

ICTが授業をつくってくれる「宝の箱」なわけではありません。授業や短時間指導の質を高め、学びを加速するために、ICTをこれまでのアナログの実践に置き換えて考えましょう。ソフト等の名前などカタカナ語を聞くと抵抗があるかもしれませんが、まずは具体的に触ってみる、試してみること。食育においてどう使うかは皆さん自身の取り組みです。その試みを蓄積していっていただきたいと思います。

［参考文献］
1）「『令和の日本型学校教育』の構築を目指して〜全ての子供たちの可能性を引き出す、個別最適な学びと、協働的な学びの実現〜（答申）」文部科学省、2021年1月26日中央教育審議会 p48
2）「『2020年代に向けた教育の情報化に関する懇談会』最終まとめ」文部科学省、2016年
3）「GIGAスクール構想実現に向けたICT環境整備調査」MM総研、2021年2月16日
4）「教育の情報化に関する手引-追補版-（令和2年6月）」文部科学省、2020年6月
5）「教育クラウド調達ガイドブック」総務省、2020年3月
6）「GIGAスクール構想に関する教育関係者へのアンケートの結果及び今後の方向性について」デジタル庁、総務省、文部科学省、経済産業省、2021年9月3日

第2章
食育授業での ICT活用アイデア

本章では、食育の授業で、実際にどのようにICTを活用するか、「情報提示」「整理・分析」「表現・発表」「振り返り」「共有・交流」と5つの場面に分けて、説明していきたいと思います。表1に、児童生徒と教員のそれぞれの視点からの使い方を整理してみました。使い方に対応したソフト等を一例として挙げています。

表1　授業における活用例（筆者作成）※取り上げたソフト等は一例であり、順不同。

	児童生徒が使う	例	教員が使う
情報提示	検索する 大きくする ゆっくりする 止める 繰り返す	インターネット検索 端末のカメラ機能で画像や映像を撮影 大型提示装置で投影する 情報を集約して提示する　[Googleフォーム] 書画カメラで投影する 動画を再生する	資料を用意する 情報を集約する 提示する
整理・分析	資料を選ぶ 作業する 比べる	ホワイトボード [Microsoft Whiteboard・Google FigJam Zoom Meetings・ロイロノート] ワークショップ [Googleスライド・Googleスプレッドシート]	授業評価
表現・発表	まとめる 伝える 発信する	表計算 [Googleスプレッドシート・Microsoft Excel] 文書作成 [Googleドキュメント・Microsoft Word] プレゼンテーション [Googleスライド・Microsoft PowerPoint] 動画編集アプリ	蓄積する 次に生かす
振り返り	振り返る	ワークシート [Google Classroom・Googleスプレッドシート] アンケート・確認テスト [Googleフォーム]	記録を残す
共有・交流	紹介し合う	情報共有・ビデオ会議 [Microsoft Teams・Google Meet・Google Classroom・Google FigJam・Zoom Meetings]	紹介し合う 打ち合わせ

多くの人がまず授業に取り入れることができる初歩的な手法ですが、指導者が一斉に児童生徒に指導する際に、視覚的、聴覚的なサポートとして静止画や動画、カメラ機能等を使ったり、プレゼンテーションソフトで作成した資料を大型モニター・電子黒板を使って提示したりするときに、ICTの活用場面があります。第3章の実践例でも多くの授業で活用されています。

また、指導者が事前・事後アンケートを実施し、児童生徒の情報を集約して提示する際にも、ICTは有効です。実際に、Googleフォームを使用した方法を、飛塚美智子栄養教諭に解説いただきます。

岩手県紫波町学校給食センター（日詰小学校所属）・栄養教諭
飛塚美智子

◆Googleフォームでアンケートを行う方法

以前、児童生徒にアンケートをする場合は、右のような用紙を作成して印刷、配布し、記入してもらっていました。また回収後は、エクセルなどに手入力して、集計を行っていました。

しかし、GIGAスクール構想により、児童生徒に1人1台端末が配布されたことで、Googleフォーム（以下、フォーム）でのアンケートが可能になりました。作成手順を以下、説明します。

1 つぎのたべもののうち、あなたがすきなものに○、きらいで食べることができないものに×、にがてだけど食べることができるものに△をつけましょう。			
パン	なす	じゃがいも	
ごはん	ピーマン	たまねぎ	
うどん	ほうれんそう	きゃべつ	
りんご	ねぎ	トマト	
みかん	グリンピース	きゅうり	
ヨーグルト	たまご	ひじき	
ゼリー	とうもろこし	えび	
にく	しいたけ	ぎゅうにゅう	

❶フォームを開き、「新しいフォームを作成」にある＋を押して、作成します。

❷「無題のフォーム」に題を記入します。

❸「無題の質問」に質問事項を記入していきます。

❹「ラジオボタン」の後ろの▼を押すと、次ページ❺の選択肢が出てきます。

❺質問について、どう回答させるか、条件を選びます。

・一つだけ選ばせるとき
　→「ラジオボタン」
・複数選ばせるとき
　→「チェックボックス」

だいたいこの２つを使います。

❻出席番号などの数字や名前など、短い記述を入れてもらうときには、「記述式」を選択します。左画面は、「たべものすききらいアンケート」の冒頭で出席番号を記入する場合に、「記述式」を選択しています。また、授業の感想や振り返りなど、長い文章を記述してもらう場合は、「段落」を選択します。

※タイトル上部のデザインを変更する場合は、右上パレットのマークの「テーマをカスタマイズ」から色を変更したり、画像を挿入したりすることができます。

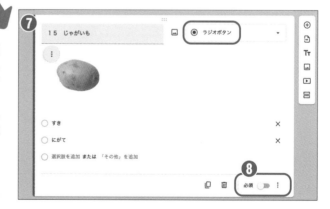

❼右画面は、質問の所に「じゃがいも」と記入して、「ラジオボタン」を選択して、「すき」か「にがて」かを選ばせています。
　画像を挿入する場合は質問の右側にある絵のマークをクリックすれば、簡単に入れることができます。

❽また、必ず答えてほしい質問事項には、「必須」をチェックしておきます。

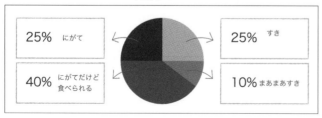

フォームのアンケートで回答してもらうと、左図のように、瞬時に集計が出てきます。

　この結果はGoogleスプレッドシートにリンクしていて、その後にエクセルにダウンロードすることもできるのでとても便利です。

◆QRコードの作成方法

フォームで作成したアンケートにアクセスしてもらうためには、QRコードが便利です。児童生徒が端末のカメラ機能を使ってQRコードを読み取れば、その場で回答することができます。手順を説明していきます。

❶上画面の❶のあたりを右クリックすると、表示が出てきます。この中の、「このページのQRコードを作成」をクリックします。

❷すると右のような恐竜のついたQRコードが出てきます。このQRコードを使用したいときは、「ダウンロード」を押せば、QRコードの画像をダウンロードすることができます。

QRコードで共有がかんたん

最近のダウンロード ×

qrcode_docs.google.com (8).png
6.4 KB・完了

❸ダウンロードできれば、授業の事前アンケートとして文書に貼り付け、各学級担任に渡すことができます。

アンケート調査にICTを活用するメリット

・アンケート用紙を印刷、配布、回収しなくて済む！
・写真画像を簡単に入れられる！
・1人1台端末を使えば、朝の会など短い時間で回答できる！
・リアルタイムで回答状況が把握でき、結果も集計してくれる！

▶ 整理・分析

児童生徒が1人1台端末を使えば、子どもたちが自ら情報を集め、整理・分析することができます。さらに宿題として提出することや、記録として残すことができる利点があります。

児童生徒が資料を選んだり比べたりを、リアルタイムで共有できるオンラインホワイトボードを活用したり、Googleスライドのイラストを動かして仲間分けをして整理・分析したり、インターネットで情報を集めてクイズを作成するなど、さまざまなワークショップにICTは有効です。

ただし、指導者も児童生徒も、最初は操作に慣れるまで時間がかかり、授業の流れが中断する可能性もあります。そこでICTを活用したワークショップにおいては、最初は「内容」と「方法」を簡単にすることをおすすめします。操作（方法）を覚えさせたいのであれば、内容を簡単にする。少し難しい内容を学習するのであれば、操作に慣れた機能を使うのです。

ここでは、授業に、Googleスライドを使って朝ごはんを考える活動を取り入れた、斉藤 歩栄養教諭の事例をご紹介します。また、家庭科の献立作成の授業等でGoogleスプレッドシートを活用した例を津軽智子栄養教諭に解説いただきます。後半はかなり応用的な実践ですが、学校給食を教材にすれば、このような実践も可能だということを知る機会にしてください。

長野県松本市西部学校給食センター（現・山形村立山形小学校）・栄養教諭
斉藤 歩

◆Googleスライドを活用した教材作成

私は、ICTを「初めての授業に導入するより、慣れている授業に導入を！」という藤本勇二先生のアドバイスもあり、今まで実践してきた授業にICTを活用することを考えました。そしてまず、小学4年生に実施していた朝食指導の教材に取り入れてみることにしました。栄養バランスの大切さを学んだ後に、どのような朝食の組み合わせが良いか、子どもたち自身が学んだことを整理・分析し、料理を選んでいく活動です。

今までは、右写真のように、衣装ケースに、ホワイトボードと料理カードの入った教材セットを使っていました。しかし8セットまでしかないので、班活動でしか使えません。またクラスの班をこのセット数に合わせてもらう必要がありました。班で活動する際にはアナログの良さがありますが、個人での活動はできませんでした。

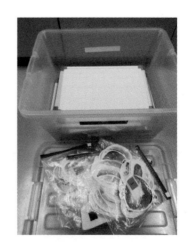

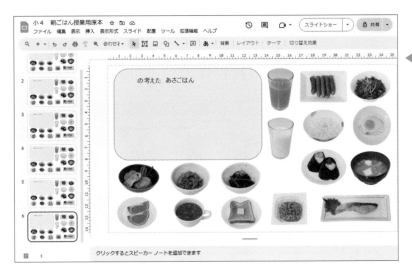

班活動にも
個人活動にも
便利！

　そこで、Googleスライド（以下、スライド）を活用して、上図のような教材を作りました。スライドは、画面を共有できるパワーポイント（Microsoft PowerPoint）をイメージしてみてください。タブレット端末を使うと、指で画像を動かすことができます。子どもたちは、左上の四角の中に選んだ料理カードを動かしていきます。班活動も個人活動も可能です。

　また、スライドの良さは、ほかの人の作業内容を見られる点にあります。自分1人で考えるのが難しい子どもにとっては、ほかの人が考えていることをのぞき見できる、というメリットもあります。

　そして、Google Classroomを使うことで、資料の共有が可能となります。共有ができない自治体や画像もあるので確認が必要ですが、市内栄養士会のクラスを作れば、教材の共有や実践後に授業の振り返りをするなど、共同研究ができます。

食品画像が無料で使える！　便利なWebサイト情報

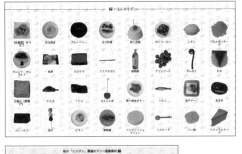

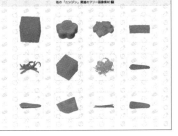

http://sozaiya-san.jp

　「食品画像のそざい屋さん」は、名古屋学芸大学管理栄養学部栄養疫学研究室が作成しているWebサイトで、7,000枚以上の食品画像を、登録不要・商用可で使用することができる。上図のスライドの朝食も同サイトの画像を使用。

新潟県長岡市立新町小学校・栄養教諭
津軽智子

◆Googleスプレッドシートで料理選びの資料作成

5年生の総合的な学習の時間に、「長岡野菜（地元野菜）の料理を考えて給食で採用してもらう」という授業があり、ICTを活用しました。右図はGoogleスプレッドシート（以下、スプレッドシート）で作成したものです。長岡野菜の種類（左上）をリストから選択すると、給食の料理写真が複数出てくる仕組みです。以下の手順で写真画像を挿入しました。

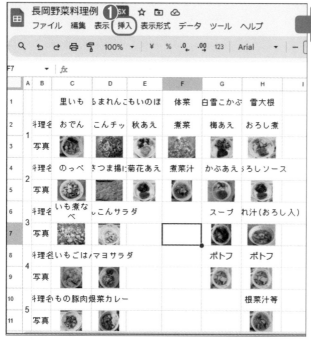

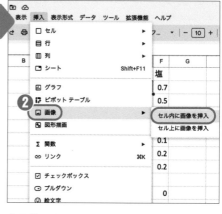

❶画像を入れたいセルを選択し、「挿入」をクリックします。

❷「画像」から「セル内に画像を挿入」の順で選択し、画像を取り込みます。

スプレッドシートは、エクセルと違い、写真画像の挿入がとても簡単な上、子どもが触っても写真が動かないので、とても使いやすく、見やすいです。

給食のどんなメニューに長岡野菜が使われているかが、手軽に、視覚的にすぐに確認できるというメリットがある資料です。それと同時に、子どもたちはインターネットで料理を調べながら、どんな料理にするか考えていくのですが、給食のようにアレンジするにはどうしたらいいかも、想像しやすくなりました。

◆Googleスプレッドシートを献立作成の導入に活用

6年生・家庭科の献立作成の授業で、栄養バランスを理解するために、ICTを活用しています。授業は、最初に栄養教諭から、以下の流れで板書をしながらアナログで説明していきます。

①主食・主菜・副菜・汁物の考え方
②給食の献立作りで気をつけていること
③献立を立ててみよう！（給食でいくつか採用します！）

※吹き出し内は、指導者と児童の実際のやり取りです。

教材を
スリム化！
食育の時間を
カラフルに!!

まずは上図のように、「①チーズバーガーセット」「②ステーキセット」「③給食献立」の栄養価の数値を教師用の別シートに入力しておきます。料理を順番に選択していくと、グラフの「きいろ・あか・みどり」のバランスが変わるので、興味をもって見てくれます。最後に給食のバランスのよさを見せることで、「さすが給食！」と盛り上がり、とても効果的です。

これは授業の導入の資料にもなりますし、児童へ配布して、献立作成の教材としても活用できます。児童へは、児童用スプレッドシートをGoogle Classroom等で配布します。

	献立をつくってみよう！		色のバランスはどうかな？		
名前		エネルギー (kcal)	塩分 (g)		
長岡　たろう		388	0		
基準→		660	2		
	きいろ	あか	みどり		
主食					
白ごはん	こめ				
主菜					
副菜					
汁物・煮物					
デザート・果物					
牛乳					
牛乳		牛乳			
牛乳・デザートなし重量	155	0	0		

きいろ

※牛乳以外の分量バランスです

左図のスプレッドシート「献立をつくってみよう！」を児童に配布します。最初は主食の「白ごはん」が基本で、色のバランスは、きいろ100%になっています。

25

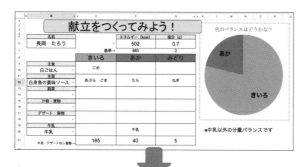

そして、主菜、副菜…と料理をリストから選択すると、きいろ・あか・みどりのバランスが変わっていき、栄養バランスが視覚的にわかるようになっています。児童はこれを参考に、献立を作成します。

また各料理には、エネルギーや塩分も入力してあるので、合計が上に表示されると、児童が意識して見てくれます。

※円グラフは以下の別シートとリンクさせて作成します。仕組みはサンプルデータをダウンロード（27p）の上、実際に操作しながらお確かめください。

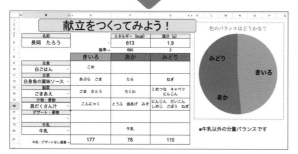

基本データを
その都度
更新できる！

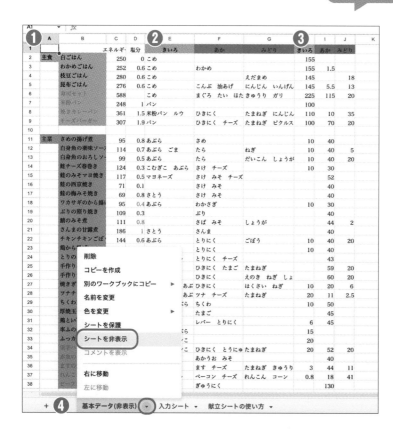

きいろ・あか・みどりの円グラフが出るスプレッドシートを作成するには、別シートとして、左図のような基本データを作成します。別シートでは、その都度データを更新していくことができます。

❶料理名ごとのエネルギー、塩分量等を打ち込んでいきます。

❷最初の「きいろ・あか・みどり」には食材を入れます。

❸次の「きいろ・あか・みどり」には分量を入れます。

※行を加えたいときは、リスト範囲が指定されているので、一番下に行を加えるのではなく、下から2番目など途中に行を加えるように注意します。

❹基本データが作成できたら、シートの右側にある▼をクリックし、「シートを非表示」にすると、表示されなくなります。こうすることで、児童が勝手にデータを変更することを防げます。

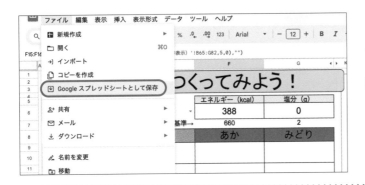

読み込んだエクセルをスプレッドシートへ変換するには、左上の「ファイル」から「Googleスプレッドシートとして保存」をクリックすると、変換できます。

サンプルデータをご提供します！

ご紹介した「献立をつくってみよう！」と29pの「栄養チェックシート」「バイキング　何食べる？」のサンプルデータは、全国学校給食協会Webサイトの「ダウンロードサービス」よりダウンロードできます。Zipファイルにパスワード **nagaokakondate**（長岡献立）と入力して開封し、Googleドライブまたはスプレッドシートにインポートしてお試しください。
全国学校給食協会Webサイト　URL：https://school-lunch.co.jp/user_data/download

スプレッドシート「献立をつくってみよう！」を活用した授業のその後…

《児童の感想》
- 好きなものばかりだとバランスが悪いことがわかった。野菜を入れないとだめ！
- 1食分考えるだけですごく疲れた！1ヵ月分作る津軽先生はすごい！残さず食べたい。
- 家でもバランスのことを考えながら食べないとだめだと思った。お母さんにも献立を立ててあげたい。
- 塩分やエネルギーのことを知り、これだけの材料が必要なんだということがわかった。
- 献立を立てるのに何時間も使ってしまった。毎日考えている給食やおうちの人には感謝しかない。
- ハンバーガーなどの栄養バランスを見て、「すごく難しそうだな」と思っていたけれど、給食のメニューを選んでみると、バランスがいい感じになったので、「給食ってやっぱり栄養バランスがいいんだな」と思いました。実際に作成した献立は、緑の割合がすごく多くなって良かったです。

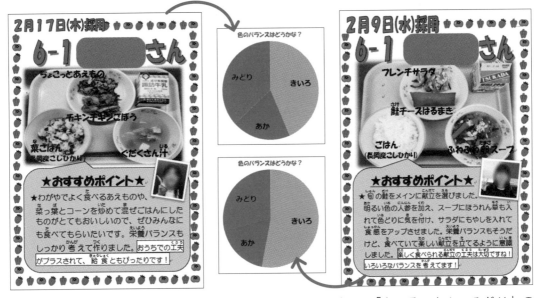

　給食に採用された児童の献立は、掲示等で伝えるとともに、「きいろ・あか・みどり」のバランスがわかるように、円グラフも掲示しました。

◆Googleスプレッドシートでこんなこともできる！

スプレッドシートは、画像を入れられるので、視覚的に楽しみながら整理・分析をすることができます。現在、応用編を模索しています。

右図は、その1食に、「野菜が足りているか？」「カルシウムが足りているか？」など、ピンポイントで判定できるものがあればと作成したものです。料理を選択すると、その写真とグラム数が出てきて、その1食のうち野菜が足りているか、「不合格」「合格」で判定されます。

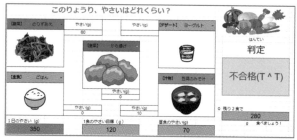

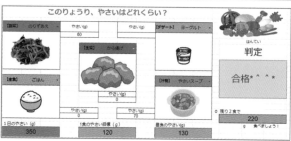

料理の切り抜きができる！ 便利なソフト情報

1日分の給食献立から、4品の料理画像を切り抜くことができ、牛乳も切り抜くことができた。
お皿やトレーだけの写真を撮影し、切り抜き画像を作成しておけば、組み合わせて使用することもできる。

毎日記録している給食献立の写真画像から、料理だけを切り抜く方法として、Microsoft Windowsに標準で備わっているソフトウェア「ペイント3D」を使う方法がある。手順は以下の通り。

① 「新規作成」を選択。
② 「挿入」で切り抜きたい給食献立の写真画像を選択。
③ 切り抜きたい範囲を「マジック選択」し、「次へ」をクリック。
④ 追加・削除で調整し、「完了」で切り取りが終了。
⑤ 再び「新規作成」し、④の画像を貼り付ける。
⑥ 「キャンパス」は透明なキャンパスをONにしておく。
⑦ 画像（png）として保存する。
⑧ 左図のような、背景が透明の画像になる。

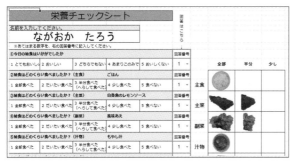

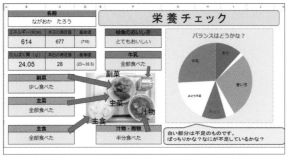

左図の「栄養チェックシート」は、子どもの身長から充足率のエネルギー量が計算でき、個人差を考慮した栄養チェックができるシートです。その日の給食の料理ごとの写真画像を見て、どれだけ食べたかをチェックしていきます。例えば主食と主菜は「全部食べた」、副菜は「少し食べた」、汁物は「半分食べた」と回答すると、2番目の「栄養チェック」の円グラフになります。あか・きいろ・みどり、それぞれ不足している部分が白く表示され、視覚的にわかるようになっています。

スプレッドシートに挿入する料理の画像ですが、毎回料理ごとに撮影をするのは大変なので、私は毎日記録している給食献立の写真から、切り抜いて活用しています。左ページで紹介した「ペイント 3D」は、栄養教諭仲間から教えてもらった便利なソフトウェアです。毎日コツコツ切り抜いていけば、さまざまな料理の画像が作成でき、自分で撮影した画像なので、著作権を心配することなく、教職員や栄養士仲間とデータを共有することができます。

左図の「バイキング　何食べる？」は、藤本先生主宰の研究会でスプレッドシートを紹介した際に、使用した方からのアイデアで広がったものです。意見をいただきながら、共同で作成しました。宿泊旅行前の食事指導や朝ごはん指導などでも活用することができます。ぜひ、自分なりにアレンジして、有効活用いただけたら幸いです。

食育授業にICTを活用するメリット

・大量の教材を持ち運ばなくて良い！
・複製や共有ができるので、個人活動も班活動も可能に！
・個人差に考慮した指導ができる！
・理解が難しい児童生徒も楽しんで参加できる！
・遠隔授業でもリアルタイムで全員の作業を見ることができる！

▶ 表現・発表

ICTを活用して情報を「整理・分析」する活動をしてきた児童生徒は、それを記録としてデータに蓄積することができます。そして、プレゼンソフトを使えば、発表用のスライドを作成したり、動画を編集して表現したりするなど、他者へ、広く発信する活動へつなげることができます。

丁寧な授業を積み重ねれば、児童生徒は指導者以上にICT機器を使いこなし、主体的な学習の成果を見せてくれます。

ここでは、総合的な学習の時間に、中学3年生が行った事例を、松岡珠美栄養教諭にご報告いただきます。具体的な授業の流れは88-95pをご覧ください。

熊本県熊本市立西原中学校・栄養教諭
松岡珠美

◆探究的な学習にICTを活用し、まとめ・表現する

熊本県の伝統野菜「水前寺菜」を、総合的な学習の時間で扱う教材にできないかと中学3年生の学年主任に提案し、「伝統野菜とSDGs」をテーマにした探究学習が実現しました。

私は食に関する指導のコーディネーターとして関わりましたが、総合的な学習の時間の進め方や、探究学習について学んだ上で、計画書を作成しました。その際、「中学校学習指導要領（平成29年告示）解説」にある「探究的な学習における生徒の学習の姿」（右図）を参考にしました。

図　探究的な学習における生徒の学習の姿

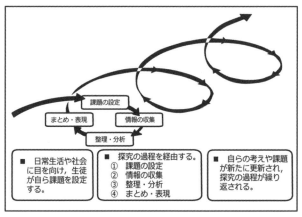

出典：「中学校学習指導要領（平成29年告示）解説」文部科学省

①課題の設定②情報の収集③整理・分析④まとめ・表現、この4つの小さなスパイラルをつなげることで、探究的な学習が深まるという視点です。この探究学習の進め方とICTの活用方法についてご紹介します。

①課題の設定

映像「10年後の生活を考える」を視聴し、SDGsとは何かを知るところから入りました。その上でタブレット端末でQRコードを読み取らせ、熊日新聞の「SDGs朝刊特集」にアクセス、記事

▲地域新聞の掲載記事をアーカイブから読み取り、情報収集する。

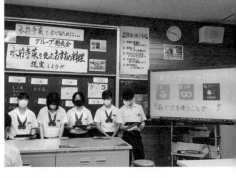

▲MetaMoJiに書き込んだ情報を電子黒板にミラーリングし、クラス内で発表する。

▲栄養教諭が取材し、データ提供した水前寺菜の圃場の写真。

▶生徒には、インターネット上にはない水前寺菜の生産者の写真が人気で、生産者の思いをプレゼンする際に活用していた。

▲４つの表現方法に分かれて行われた、グループ発表会。

を読み解きながら地域に目を向ける中で、テーマ「私たちが住む熊本〜地域でできるSDGs」を決定しました。

②情報の収集

「水前寺菜」について、生徒は各自インターネット検索をしながら情報を収集し、電子版のワークシートに、MetaMoJi（手書きノートアプリ）を使って書き込みます。書き込んだものは即座に共有され、隣同士→班→クラスという流れで、発表します。生徒は当てられた瞬間に電子黒板にミラーリングして、発表を進めていました。こうして生徒は情報収集という過程でも、発表を繰り返し練習します。さらに「インターネット検索の情報だけでは物足りない」と感じさせる仕掛けを学級担任がつくり、生産者に直接インタビューする機会へとつなげます。質問内容もMetaMoJiを使ってかぶらないよう精査しました。

③整理・分析

情報収集したことをどう発信するかを、プレゼンテーション、PR動画、POP作成、献立考案の４つの表現方法に分かれて班別にまとめます。主なICTの内容や栄養教諭が関わった事例は以下の通りです。

○プレゼン資料…ほとんどを生徒が準備したが、生産者や水前寺菜栽培の圃場、圃場に流れる川の支流の美しさがわかる写真等は、栄養教諭が

事前に取材した際に撮影し、必要な生徒にデータ提供した。また多くの生徒が水前寺菜を味わったことがないため、給食で実際に提供して味や色を体験させるなど、プレゼンのための分析につなげた。

○PR動画…生徒用タブレット端末（iPad）のiMovieやKeynoteという編集アプリで作成。

○献立考案班…献立全体の栄養価を計算する際に、食品の栄養価をタブレット端末で調べた。また、Keynoteでプレゼン資料をまとめた。

④まとめ・表現

探究学習のまとめ・表現の機会は大きく３回設定されました。グループ発表会と他校をつないだオンライン交流会、そして他学年のクラスに出向いた校内発表会です。グループ発表会で最優秀賞に選ばれた班は、オンライン交流会での発表権が得られるほか、PR動画は給食時間に全校放送され、献立は実際の給食で提供されます。栄養教諭は献立考案班の審査員として、SDGsの視点と水前寺菜の良さを生かしているかをポイントに、審査しました。オンライン交流会では、大きなスクリーンに各班がまとめたパワーポイントを投影し、その前に立って発表しました。電子情報だけでなく、水前寺菜をイメージしたおそろいの手作りブローチをつけたり、県のPRキャラクター「くまモン」に扮して全力でパフォーマンスをするなど、視聴者が注目するような表現の工夫をしていました。

▶ 振り返り

授業が、児童生徒にどのように役に立ったかを見取るための「振り返り」は重要です。感想や質問をワークシートに書かせたり、学習をその後の実践につなげるために課題を与えたりするなどの振り返りが考えられます。

これにICTを活用した方法を取り入れれば、瞬時に授業の反応が受け取れたり、集計ができたり、またデータを蓄積すること

で、食育の評価・改善につなげることもできます。

飛塚美智子栄養教諭には、「情報提示」（19-21p）と同じGoogleフォームを使った、家庭科の授業後の確認テストを解説いただきます。また大田和子栄養教諭には、スプレッドシートを使って、朝食についての授業の振り返りをしながら、その後の実践につなげる事例をご紹介いただきます。

岩手県紫波町学校給食センター（日詰小学校所属）・栄養教諭
飛塚美智子

◆Googleフォームで授業後の確認テスト

家庭科で、五大栄養素を教える授業をした後は、本当に覚えているか、確認したくなる時があります。そんな時、フォームを使えば、簡単なテストを作成することができます。手順を説明します。

❶「設定」の画面にします。

❷「テストにする」にチェックを入れます。

❸「送信直後」にチェックを入れます。

❹「回答者の設定」に、それぞれチェックを入れていきます。

❺割り当てる点数を決めます。
　例えば、全部で100点にしたい場合、10問だったら10点に設定します。
　設定が終わったら、テストが作成できます。

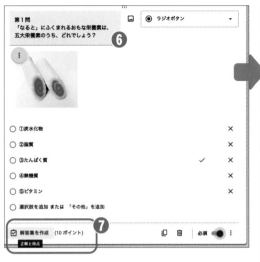

❻問題と選択肢を入力します。

　例えば、『「なると」にふくまれるおもな栄養素は、五大栄養素のうち、どれでしょう？』という問題を入力し、選択肢は、①炭水化物②脂質③たんぱく質④無機質⑤ビタミンと、それぞれ入力します。

❼左下に、「解答集を作成」とあるので、チェックするとフィードバックを入力することができます。

❽「フィードバックの追加」では、「正解」の所に解説を入力し、保存します。

❾正解の所にチェックを入れて、「完了」ボタンをクリックします。

　テスト結果、設問ごとの正答率をグラフで見ることができます。また、分析情報として、合計点の分布も自動的に示されます。

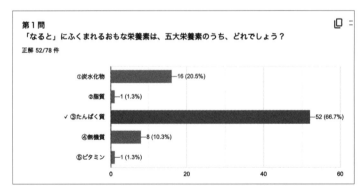

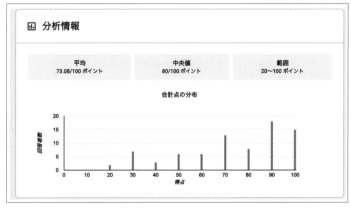

テスト結果を
自動で分析！

広島県廿日市市立大野東小学校（大野学校給食センター兼務）・栄養教諭
大田和子

◆Googleスプレッドシートを活用した事後指導

　4年生・学級活動（2）「栄養バランスのよい朝食を食べよう」の事後指導として、スプレッドシートを使って、『元気モリモリ「栄養まんてん朝食」にチャレンジ』を作成し、1週間の取り組みを記録してもらいました。作成手順を説明します。

A1	▼	fx								

❶

「栄養バランスのよい朝食を食べよう」

4年1組	出席番号			名前			

★これからどのように朝食を食べようと思うか，書きましょう。
赤黄緑を考えながら味わって食べます。工夫して食べます！

元気モリモリ「栄養まんてん朝食」にチャレンジ

★朝食をしっかり食べて元気いっぱいにすごすために、「栄養まんてん朝食」にチャレンジしましょう。

❷

	2/3 (土)	2/4 (日)	2/5 (月)	2/6 (火)	2/7 (水)	2/8 (木)	2/9 (金)	栄養教諭の大田先生から
朝食を食べたか	食べた ▼	食べた ▼	食べた ▼	食べた ▼	食べた ▼	食べた ▼	食べた ▼	←朝食を食べない日がないように、何かを一口でも食べてみよう！
朝食のバランス	黄・赤 ▼	黄・赤・緑 そろった ▼	黄・緑 ▼	黄・赤・緑 そろった ▼	黄・赤 ▼	赤だけ ▼	黄・赤・緑 そろった ▼	←バランスが良くなるよう、ちょっとずつ工夫してみよう！
登校した時の気分	▼	▼	○ ▼	○ ▼	◎ ▼	○ ▼	◎ ▼	←朝食を食べると、元気がモリモリとわいてくるよ！気分はどうかな？

4　一週間チャレンジした感想（かんそう）を書きましょう。

みかんや、ヨーグルト、たまごやバナナを食べてできるだけバランスよく食べれるように工夫したので黄、赤、緑がしっかり取れてよかったです。

5　お家の方から

バランスのよい食事になるように、自分で考えて色々な食べ物を摂取して頑張っていました。

	2/3 (土)
朝食を食べたか	食べた｜
朝食のバランス	**❸** 食べた / 食べなかった ✎

登校した時の気分	▼	▼	○

❸ ◎ / ○ / △ / × ✎

4　一週間チャレンジした感想（かんそう）を書きまし

みかんや、ヨーグルト、たまごやバナナを食べて…かり取れてよかったです。

❶ 出席番号、名前を記述する欄と、授業の振り返りとして、「これからどのように朝食を食べようと思うか、書きましょう」の欄を設け、児童がチャレンジ中にも確認できるようにします。

❷ 授業後の1週間、「朝食を食べたか」「朝食のバランス」「登校した時の気分」を記録できる表を作成し、栄養教諭からのコメントも付けます。感想や、「お家の方から」のコメントを記述する欄も設けます。

❸ 記録は、記述式ではなく、プルダウンから選択できるようにします。

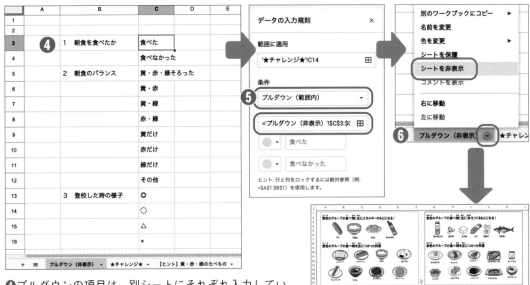

❹プルダウンの項目は、別シートにそれぞれ入力していきます。

❺❷のプルダウンしたいセルに「挿入」→「プルダウン」で「データの入力規則」の画面を開き、「プルダウン（範囲内）」で❹のシートとリンクさせます。

❻最後にシートの右側にある▼をクリックし、「シートを非表示」にすると、このシートは表示されなくなります。

❼朝食の栄養バランスのヒントとして、別シートを作り、黄・赤・緑のグループの食べ物をイラストで示しました。

　現在、児童の記録結果が自動で一覧表（右図）になるように、ICT支援員に調整してもらっています。最初にスプレッドシートのIDを取得し、児童1名ずつのシートにアクセスする権限を許可していく作業が必要ですが、一度リンクさせると、チャレンジ状況を随時確認できるので、リアルタイムで児童へ声掛けすることが可能となります。

　また、事後指導のほか、個別的な相談指導での面談の記録にもスプレッドシートを活用しています。回を重ねるごとにシートを増やしながら記録することができ、振り返りながら改善できるメリットがあります。

振り返り・事後指導にICTを活用するメリット

・どれぐらい授業を理解できているか、短時間で把握できる！

・クラス全員で、リアルタイムで共有できる！

・毎日の記録が手軽に入力できる！

・振り返りをデータ化し、食育の評価につなげられる！

ICTを活用する強みとして、離れた場所にいても、同時に大量の情報を共有できることがあります。

Google Classroom、Google Meet、Microsoft Teams、Zoom Meetings、Google FigJam等を使って、意見交換や情報収集、グループ別の共有などができ、またこれまでご紹介してきた授業実践の記録や教材等も、教師仲間、栄養士仲間で共有することができます。

さらに、斉藤　歩栄養教諭が紹介している通り、給食センターの栄養教諭が、複数クラスに同時に生中継で授業を行うことも

できます。同じように、ゲストティーチャーの話を同時中継したり、インタビューなど交流することも可能です。

筆者が16pでも書いたように、ICTに大きな可能性を感じるきっかけになったのは、「昆布ロード」をテーマにしたオンライン交流です。北海道の利尻島と沖縄県の渡嘉敷島の小学校をオンラインで結んだ1時間の授業は、子どもたちの学びが一気に加速した瞬間に立ち会えました。同テーマのオンライン交流学習を、本書では96-111pにかけてご紹介しています。ICTの可能性を実感してみてください。

長野県松本市西部学校給食センター（現・山形村立山形小学校）・栄養教諭
斉藤　歩

◆Google Meetを利用して一斉授業

これまで、本給食センターの課題の一つに、中学生への食育の実施がありました。小学校は、担任次第で授業時間を決められますが、教科担任制となる中学校では、授業時間が決まっていて、特別活動でお願いをすると、その学年全部のクラスが同じ時間に特別活動となってしまいます。本給食センターには栄養教諭が3人いますが、最大7クラスまである中学校に、どうしたら食育の提案ができるかと思案していました。

そこで、Google Meet機能を使って、導入部分の栄養教諭の話を一斉に行うことで、同一時間に7クラス一斉の食育の授業を提案できるようになりました。

栄養教諭による
一斉授業が可能に！

第3章

ICTを活用した
授業実践例

実践例の見方

吹き出しと写真

授業のPRポイントとして、こんな活動をもとにこんな学びが実現できる、ということを写真とともに示す。

インデックス

第2章で解説した通り、ICTの5つの活用場面に分け、各実践に当てはまる場面を赤く示す。

授業のポイント

活動をうまくつくる手立て、目標を達成させる手立て、ICTの活用や支援、場の設定などを示す。

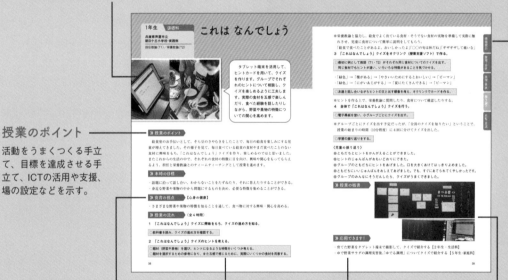

食育の視点

文部科学省が示す6つの食育の視点を示す。
①食事の重要性（食事の重要性、食事の喜び、楽しさを理解する）
②心身の健康（心身の成長や健康の保持増進の上で望ましい栄養や食事のとり方を理解し、自ら管理していく能力を身に付ける）
③食品を選択する能力（正しい知識・情報に基づいて、食品の品質及び安全性等について自ら判断できる能力を身に付ける）
④感謝の心（食べ物を大事にし、食料の生産等に関わる人々へ感謝する心をもつ）
⑤社会性（食事のマナーや食事を通じた人間関係形成能力を身に付ける）
⑥食文化（各地域の産物、食文化や食に関わる歴史等を理解し、尊重する心をもつ）

授業の流れ

基本の流れと、子どもの活動、授業の実際の子どもの反応を示す。また「〇」で指導の手立てを示す。

応用できます！

同じような活動で他の学年や教科等で、新しく授業をつくっていく際のヒントとなるように応用事例を示す。

授業の板書／ICTの活用法

本時の板書または板書計画、ICTの活用法、授業の様子等を示す。

そのほか

指導計画

単元等の指導計画。本時の指導項目は、マーカーで示す。

本時の展開

授業ごとに指導案から「本時の展開」を示す（事前・事後指導等を示す場合もある）。

授業のヒント

各授業について、食育実践として優れている点や、どのようにICTを活用し子どもたちの学びを引き出しているか等、これから実践する人の参考となる授業のヒントを示す。

これは なんでしょう

兵庫県芦屋市立
朝日ケ丘小学校・実践例

担任教諭（T1）／栄養教諭（T2）

> 　タブレット端末を活用して、ヒントカードを用いて、クイズを作ります。グループでそれぞれのヒントについて相談し、クイズを楽しめるように工夫します。実際の食材を五感で楽しんだり、食べた経験を話したりしながら、野菜や果物の特徴についての関心を高めます。

》授業のポイント

　給食室のお手伝いとして、そら豆のさやむきをしたことで、毎日の給食を楽しみにする児童が増えてきました。その様子を見て、毎日食べている給食の食材やまだ食べたことのない食材に興味をもち、「これはなんでしょう」クイズを作り、楽しめるのではと思いました。またこれからの生活の中で、それぞれの食材の特徴に目を向け、興味や関心をもってもらえるよう、担任と栄養教諭とのティームティーチングとして授業を進めます。

》本時の目標

・話題に沿って話し合い、わからないことをたずねたり、それに答えたりすることができる。
・身近な野菜や果物の中から問題にするものを決め、必要な特徴を集めることができる。

》食育の視点　　【心身の健康】

・さまざまな野菜や果物の特徴を知ることを通して、食べ物に対する興味・関心を高める。

》授業の流れ　　（全4時間）

1　「これはなんでしょう」クイズに興味をもち、クイズの進め方を知る。

○教科書を読み、クイズの進め方を確認する。

2　「これはなんでしょう」クイズのヒントを考える。

○題材（野菜や果物）を選び、ヒントになるような特徴をいくつか考える。
○題材を選択するための参考になり、また五感で感じるために、実際にいくつかの食材を用意する。

※栄養教諭と協力し、給食でよく出ている食材・そうでない食材の実物を準備して実際に触れさせ、児童に食材について簡単に説明をしてもらう。

「給食で食べたことがあるよ。おいしかったよ」「○○の旬は秋だね」「ギザギザして痛いな」

3 「これはなんでしょう」クイズをオクリンク（授業支援ソフト）で作る。

○最初に例として教師（T1・T2）がそれぞれ同じ食材についてのクイズを出す。
　同じ食材でもヒントが違い、いろいろな特徴があることを気づかせる。

・「緑色」→「種がある」→「やさいいためにするとおいしい」→「ピーマン」
・「緑色」→「にがいあじがする」→「夏にたくさんできる」→「ピーマン」

○友達と話し合いながらヒントの文と出す順番を考え、オクリンクでカードを作る。

※ヒントを作る上で、栄養教諭に質問したり、食材について確認したりする。

4 全体で「これはなんでしょう」クイズを行う。

○電子黒板を使い、小グループごとにクイズを出す。

※グループごとにクイズを出す予定だったが、「全員のクイズを知りたい」ということで、授業の始まりの時間（10分程度）に4回に分けてクイズを出した。

○学習の振り返りをする。

《児童の振り返り》

●ともだちとヒントをかんがえることができました。

●ヒントのじゅんばんがおもいどおりにできた。

●グループのともだちにヒントをあげました。口を大きくあけてはっきりよめました。

●ともだちにいいじゅんばんをおしえてあげました。でも、すぐにあてられてくやしかったです。

●グループのみんなにそうだんしたら、クイズがうまくできました。

》授業の板書

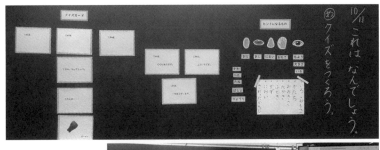

》応用できます！

・育てた野菜をタブレット端末で撮影して、クイズで紹介する【2年生・生活科】

・ゆで野菜サラダの調理実習後、「ゆでる調理」についてクイズで紹介する【5年生・家庭科】

39

》本時の展開　　（3時間目のクイズ作りの授業のみ抜粋）

子どもの活動	教師の支援	● 『対話』のねらい
1　「これはなんでしょう」クイズの 　　モデルをする。	・教師による「これはなんでしょう」 　クイズをする。（T2）（T1） ・本時の活動に見通しを持つことがで 　きるようにする。（T1）	

> ・緑色・・・同じなのに答えがちがう・・・
> ・料理することもヒントになるんだ。
> ・わかりやすいけど、答えがわかりにくい。

2　本時の学習課題をたしかめる。		

> 「これは　なんでしょう」クイズをつくろう。

3　グループでイメージを交流し、 　　ヒントになる言葉を選択する。	・自分とは異なるものの見方に気づき、 　考え方を広げることができるように 　する。（T1）	●ワークシートを使 い、題材の特徴に ついて気づいたこ とをグループで話 し合うことができ る。 （友だちとの対話）

> ・大きさをヒントにするなら、「自分の手の大
> きさ」はどうかな。
> ・どのじゅんばんが答えに近くなっていくか
> な。

4　ヒントとなる文を作り、オクリン 　　クでカードを作る。 　・ヒントの難易度 　・文のパターン 　　「これは、○○にあります。」 　　「これは、△△いろです。」 　　「これは、〜のあじがします。」	・ヒントを難しいものだけや簡単なも 　のだけにしてみることで、クイズの 　難易度が変わることに気づくことが 　できるようにする。（T1） ・文のパターンを提示することで、書 　くイメージをつかむことができるよ 　うにする。（T1）	●題材の特徴をヒン トとしてクイズを 考えることができ る。 （教材との対話）
5　本時の振り返りをし、次時の確認 　　をする。	・今後の学習内容や活動を伝えること 　で、次時の見通しができるようにす 　る。（T1）	

ICT活用を日常化し、学習に取り入れる

　本単元の授業者は、「問題を作ったり答えたりしたいという意欲を引き出す」主体的な学びと、「出題者が適切なヒントを出したり、回答者が答えを引き出すような質問をする」対話的な学びを大切にした指導を目指しています。この主体的・対話的な学びを支える優れた教材が「野菜や果物」であり、優れた支援の手立てが栄養教諭の参画とICT活用です。給食でよく使う食材の実物を栄養教諭が教室に持ち込み、「形」「色」「におい」「大きさ」など野菜や果物の特徴を表す視点を与える役割が明確になっているので、子どもたちの学びが深まっていきます。栄養教諭との楽しい時間の共有、食べ物に関心をもつことの気づきなど、特に親和性の低い国語や図画工作において、教科にとっても食育にとってもプラスとなる互恵的な関係が成立しています。

　1年生時に食に関わった学習経験は、今後の食に関する学びを支えていく大切な経験となります。また、授業を構想した着眼点として、「そら豆のさやむき体験後に給食を楽しみにする児童が増え、給食食材等に興味をもちクイズを作れるのではないかと考えた」と担任は述べています。「学ばせ時」を見取る教師の力量が確認できます。同校では毎朝の健康チェックもミライシード（オクリンク）で行っていて、私が参観した本授業（2022年度）でも児童は戸惑うことなくタブレット端末を活用していました。このようにICT活用を日常化して6年間の学びを見据えた環境を整えている点も重要です。友達と話し合いながらヒントの文章を作り、出す順番を考え、オクリンクでカードを作る、それを基にクイズを行う、グループ内でゲームの感想を伝え合う。さらに「おうちの人にやってみたい」と意欲的に話す子もいたそうです。こうした楽しみながらICTを学習に取り入れていることも、本事例から学びたい点です。

ひとくちレッスン

個別最適な学びは子どもに聞くことから始める

　文部科学省から個別最適な学びと協働的な学びの一体的な充実が示されました。個別最適な学びを実現しようとすると、一人ひとりに合った課題や学習形態、どのように個性を生かすかといったことに目が奪われがちになり、特別なことを取り入れることに関心がいきます。しか

しまず、子どもの話をよく聞くことから始めましょう。そうすると、問いや思い、願いや気づき、困り感が見えてきます。そこから授業をより良くしていくことが大切です。ICT活用は、子どもの特性に応じながら、その子に合った手立てを工夫することができるのです。

おはしマスターに なろう

事前指導で給食時の持ち方を動画で撮影し、課題をもたせます。左の写真では、上の箸だけを動かすことができているか、友達と確認しています。その持ち方を意識しながら、スポンジや黒豆をつまんで運ぶことで、よりよい箸の持ち方が楽しく練習できます。

》 授業のポイント

　事前に給食時の箸の持ち方を動画で撮影しておきます。その動画を児童に見せ、自分の箸の持ち方とよりよい箸の持ち方を比べさせます。歌に合わせて箸の動かし方を練習したり、スポンジや豆を皿に移動させたりすることで、楽しく活動することができます。

》 本時の目標

・よりよい箸の持ち方を意識して、練習することができる。

》 食育の視点　【社会性】

・よりよい箸の持ち方を知り、これまでの自分の箸の持ち方を振り返りながら、よりよい箸の持ち方を実践していこうとする気持ちをもつことができる。

》 指導計画　（全1時間）

事前指導：箸の持ち方についてのアンケートに答える。（Googleフォーム）
　　　　　指導者は給食時の箸の持ち方の動画を撮り、学級の実態把握をする。
事後指導：「おはしがんばりカード」を使って、1週間家庭で持ち方の練習をする。
　　　　　教室の「おはしマスターコーナー」で練習を重ねる。

》 授業の流れ

1　箸の良さについて確認し、めあてを知る。
（1）上手に箸を持てるとよい理由を考える。

「箸は、さまざまな動きをすることができる」「スプーンやフォークよりも便利だ」

（２）給食時の箸の持ち方（３つの動画）を見て、課題をもつ。

「この持ち方、私に似ているけど、少しつかみにくそう」

「中指が間にあって上手に持てているね」

2　箸の持ち方の動画を見て、よりよい箸の持ち方を知り、練習する。

○動画の歌に合わせて、箸の持ち方を確認する。

　レベル１〜３がクリアできているかどうか友達と確認し、できたら○印を書く。

○箸でつまんで、皿から別の皿へ移動させる。レベル４〜６がクリアできているかどうか教師が確認

　し、できたら「おはしマスター」のチェックシート（下表）にシールを貼る。

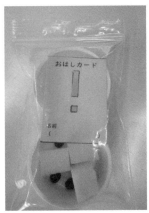

▶箸の持ち方をマスターするための練習用「おはしカード」と、スポンジ・豆・米粒のセット。
「おはしカード」には、下の箸を動かさないで上の箸を動かせるよう、箸を通す穴が切り抜いてある。

▶「おはしマスター」のチェックシート。

レベル					クリア
マスター		よりよいおはしのもちかたで、きれいに食べることができる。			
レベル6		こめつぶ をはさんで、はこぶことができる。			
レベル5		まめ をはさんで、はこぶことができる。			
レベル4		スポンジ をはさんで、はこぶことができる。			
レベル3		上のおはしだけをうごかすことができる。（おはしカードをつかって）			
レベル2		おはしを1本もって、「1」の数字を書くことができる。			
レベル1		正しいえんぴつのもちかたができる。			

3　「おはしマスター」になるために、わかったことやこれからどのようなことを頑張りたい
**　かを考える。**

「上のお箸だけ動かすことを初めて知った」「お箸は、一番端っこをつけることがわかった」
「黒豆を２つつかめるようになった。これからも頑張りたい」「お箸の持ち方をもっと練習し
て、小さいものもつかめるようになりたい」

》授業の板書

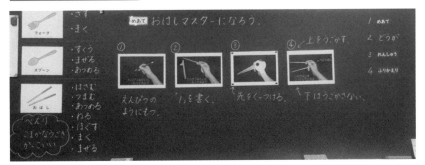

【活用した動画】『子ども向けお箸の持ち方解説「おはしのれんしゅう」』
（NPO法人みんなのお箸プロジェクト）https://youtu.be/7g1C4bK5gPc
※板書には動画の場面を使用しているが、同団体ではリーフレットも作成している。

》 事前指導

事前の場	活動内容	指導と評価	資料
9月21日（水） ※本時は9月29日に実施。	・実態調査（給食時の箸の持ち方）	・給食時の箸の持ち方を動画で撮り、箸の正しい持ち方ができているか、学級の実態を把握する。	カメラ（Chromebook）

》 本時の展開

学習活動	教師の指導（・）と評価（◆）	備考
1　食事をするときに使う用具とその使い方を知り、上手に箸を持てるとよい理由を考える。	・食事をするときに使う用具がイメージできるように、身近なメニューを提示する。 ・箸は、多様な使い方があることに気づけるよう、箸で代用できるものについても確認する。	写真（用具・メニュー）
2　箸の持ち方の実態を知り、本時のめあてを確認する。	・給食時の箸の持ち方の動画を見て、児童に自分自身の問題として捉えさせる。	Chromebook（動画）
おはしマスターになろう。		
3　よりよい箸の持ち方について知る。 ・上の箸を鉛筆のようにして持つ。 ・伸ばして曲げる動きをして、数字の「1」を書く。 ・下の箸を挟み、2本の先をくっつける。 ・上の箸だけ動かす。	・箸の持ち方の動画は右利き用と左利き用それぞれを用意し、児童が選択できるようにする。 ・ポイントがいつでも確認できるように、箸の持ち方の図を黒板に掲示する。 ・「おはしカード」を使い、上の箸だけを動かすことを意識させる。	個人箸 Chromebook（動画） 持ち方の図 おはしカード
4　よりよい箸の持ち方を練習する。 ・箸でつまんで、皿から別の皿へ移動させる。（スポンジ・豆・米粒）	・教師が手本を見せ、スピードではなく、よりよい持ち方を意識することを伝える。 ・うまく挟めない児童は、「おはしカード」で持ち方を確認するように声を掛ける。 ・レベルをクリアできたら、シールを貼り意欲を高める。 ◆よりよい箸の持ち方がわかり、よりよい箸の持ち方で練習している。	書画カメラ 紙皿 スポンジ 豆・米粒 ワークシート シール
5　今日の学習でわかったことやこれから頑張りたいことをワークシートに書く。	・これから頑張りたいことを書くことで、よりよい箸の持ち方をしようとする意欲を高める。	ワークシート

≫ 事後指導

活動の場	活動内容	指導と評価
９月３０日（金）〜 １０月６日（木）	・「おはしがんばりカード」を使って、実践活動をする。 ・「おはしマスターコーナー」で練習を重ねる。	・本時の取組を保護者に伝え、家庭でも箸の持ち方や食事のマナーへの関心を高める。 ・児童が継続してよりよい箸の持ち方を練習できるような環境づくりをする。 ◆よりよい箸の持ち方を目指して実践することができる。

授業のヒント

子どもたちが学びたくなる
動画の活用

　「令和の日本型学校教育」の答申で示された主体的・対話的で深い学びをICTが加速する、それを具体的に示した優れた事例です。箸の使い方の指導は、これまで取り組まれてきたものと基本的な流れは大きく変わっていません。それは、これまでの実践の蓄積に意味があるからです。その積み重ねに、給食の箸の持ち方を動画で撮影したり、動画に合わせて練習したりするというICTを取り入れることによって、子どもたちは学びやすくなりかつ学びたくなる状況をつくっています。まさにICTの強みを発揮しています。

　左利きの子どものために、ダンス指導に用いる反転するアプリを使っており、その着眼は若手の先生ならではです。ICTに、新しい実践をつくることと、これまでの実践を新しい形に仕立てる、そうした方向性があることがわかります。さらに、おはしマスターになるという言

葉掛け、そのためのチェックシート、箸の使い方のカードとスポンジや豆、米粒がセットになったパッケージ、「おはしマスターコーナー」など、子どもが主体的に学ぶ支援が散りばめられています。子どもからは「先生これ（パッケージ）持って帰っていい？」「家で練習したい！」そんな言葉が自然に出ていました。

　授業者は、若手の先生です。ICTの活用が上手であり、そのスキルの高さをこれまでの定番となっている実践に載せる、さらにその若手の先生を支援するベテランの先生のサポートがある、そうした今後の学校教育の方向性を見事に示しています。ベテランの先生が授業づくりの本質を支援した上で、若い先生がICTを生かしていく。どこでもできるわけではないですが、できるという事実は残ります。学校の中に同僚性を発揮していくことの大切さも教えてくれます。

兵庫県芦屋市立
朝日ケ丘小学校・実践例

担任教諭（T1）／栄養教諭（T2）

元気のもと 朝ごはん

～1日のスタートは朝ごはんから～

ペアで朝ごはんのメニューを考えます。タブレット端末を使い、料理のイラストを選択し、画面に並べていきます。自分の食べている朝ごはんの経験を話しながら、バランスのよい食事への関心を高めます。

》授業のポイント

　学校給食の献立を参考に、栄養教諭の専門性を生かしながら栄養バランスのとれた朝ごはんを考えます。その際に、ペアやグループでの活動をすることにより、自分と友達の朝ごはんを比べたり、お互いの朝ごはんの様子を話し合ったりしながら、簡単でバランスのよい朝ごはんの習慣を身につけていく意欲を高めていきます。

》本時の目標

・朝ごはんの大切さがわかる。
・バランスのよい朝ごはんを食べようとする意欲をもつことができる。

》食育の視点　【心身の健康／食品を選択する能力】

・健康な毎日を送るためには、バランスのよい食事が大切なことを知る。

》授業の流れ　（全1時間）

1　朝ごはんでよく食べているものについて振り返る。

○朝ごはんについて知っていることや、自分たちの日ごろの様子を振り返り、気づいたことをペアで話す。

※栄養教諭から朝ごはんの大切さについて、話をする。食べ物を食べることで体に栄養をとり入れ、体を健康に維持していることを伝える。

2　本時のめあて「バランスのよい朝ごはんのメニューを考えよう」を知る。

3　朝ごはんのメニューを考え、交流する。

○ごはんとの組み合わせを考える。
○全体で交流し、赤・黄・緑の３つのグループの食べ物が入っているか、確認する。
○発展として、パンとの組み合わせを考える。

※ペアでタブレットを使い、献立を考える。料理のイラストの選択肢から選ぶようにする。
※栄養教諭が補足の説明をする。

4　本時を振り返る。

○自分たちが考えた献立をおうちの人にどんなふうに紹介するかを考える。

《おうちの人への献立紹介文》※→は保護者より

●すきなものをならべたわけではありません。ごはん、牛にゅう、おみそしる、野さいいためです。理ゆうは、赤・みどり・黄色でえいようばっちりだからです。ぜひ、いっしょに作りたいです。
　→「すきなものをならべたわけではありません」という言葉によく考えて決めたんだなと思いました。

●わたしは、○○さんといっしょにメニューを作りました。バランスよくできています。まず、魚と牛にゅうとみそが赤です。いちごとおみそしるの中みがみどり、ごはんが黄色です。
　→バランスのよい朝食を考えてくれました。その通りではありませんが、魚は鮭、みそ汁は白菜・ごぼう・にんじんを入れました。果物はりんごになりました。色を意識して作るとバランスがよくなりますね。

●バランスがいい体を作れるし、体のちょうしがよくなるから作ってね。ぼくも、いっしょに作るよ。
　→とてもヘルシーなメニューですね。このメニューにお魚やお肉をプラスして　エネルギーを出すメニューにすると、もっと元気いっぱいになれるよ。

》授業の様子

》応用できます!

・タブレット端末上でバイキング給食を行い、バランスよく食べることの大切さを知る。

【6年生・家庭科】

・栄養バランス、彩り、食材の組み合わせ方等を考えて献立を作る。【6年生・家庭科】

》本時の展開

	子どもの活動	教師の支援	かかわり合い活動
1	朝ごはんでよく食べているものを発表し、発表したメニューを3つのグループに分ける。	・食べ物を食べることで体に栄養をとり入れ、体を健康に維持していることを知らせる。(T2)	・自分たちの日ごろの様子を振り返り、気づいたことをペアで話す。
2	本時のめあてを知る。		

バランスのよい朝ごはんのメニューを考えよう

	子どもの活動	教師の支援	かかわり合い活動
3	朝ごはんのメニューを考え、交流する。（ペアでタブレットを使う）	・給食の献立のように3つのグループの食べ物がバランスよく含まれるように考えることを確認させる。(T1)	
4	3つのグループの食べ物をうまく組み合わせて食べることが大切であることを理解する。ここでは、ごはんとの組み合わせを考える。 パンに何を足したらバランスがよくなるかを話し合う。	・自分の体の力を保つためには、3つのグループの食べ物をうまく組み合わせて食べることが大切であることを理解する。(T2)	・ペアで話し合い、3つのグループが入っているか確認させる。
5	本時の振り返りをする。	・これから自分が気をつけたいことを確認させて考えさせる。(T1)	・栄養教諭の先生の話を聞いて、食べることの大切さに気づかせる。

ICT活用で、低学年でも楽しく朝食を考える活動

　低学年の授業で朝ごはんを取り上げる際には、朝ごはんの大切さを伝えるような事例が一般的です。なぜなら「朝ごはんに何を食べるか」まで考えることは、低学年の児童には難しい、と思われているからです。こうした常識や思い込みを覆してくれる意欲的な取り組みを、紹介します。

　本事例では、タブレット端末を活用することで、子どもたちが楽しみながら朝ごはんの内容を考えることを可能にしています。タブレットは2人で1台使い、ごはんや卵焼きなど料理がイラストで示されており、子どもたちは食器にドラッグ＆ドロップすることで献立を作ります。

　また電子黒板を活用し、各ペアで考えた朝食メニューを画面に一度に示すことで、ほかのペアのメニューも一度に比較することができます。ICTの活用の強みが発揮された事例です。

　子どもたちの考えた朝食メニューは、学校給食の献立を参考にしたり、栄養教諭がグループごとに助言したりすることで、栄養バランスのとれた朝ごはんになっていきます。

　もちろん、まだまだ十分ではない点もあるでしょうが、「朝ごはんのことを考えるのは楽しい」と、今後の生活において重要となる食に対する向かい方を育てています。学習指導要領で大切としている、"学びに向かう姿"を育成しているのではないでしょうか。

めあてにつなぐ言葉が大切

　本時の導入からめあてに渡っていくときには、子どもとのやりとりが必要です。

　例えば、「野菜の働きを知って、進んで野菜を食べよう」と意欲を高める授業の冒頭の場面です。教師がアンケート結果を示して、問題意識を高め、なぜ野菜を食べるのかを問い掛けたまではいいのですが、「では、今日のめあては『野菜のひみつを知ろう』です」とめあてを示して、野菜の働きの説明に入ってしまいました。

　教師には、この「ひみつ」という言葉は、了解済みですが、子どもにとっては、本時で初めて出合う言葉です。「なぜ野菜を食べるのか、これは大切なことのようだね、『ひみつ』があるようです。では、今日は…」と、子どもの意識と本時の言葉をつなぐだけで主体性を引き出せます。

　もっと丁寧にやろうと思えば、めあてを示した後に、「野菜のひみつってなんだろうね」と問い掛け、何人かに聞くことで、めあてが共有化されます。

すききらいしないで
食べよう

当日の給食に使われている食べ物が赤・黄・緑、3色食品群のうちどのグループに入るかを考える場面です。タブレット端末を活用することで、1人ひとりが考えを深めながら学習を進めることができます。

》授業のポイント

　本授業の目標である『苦手なものも残さず食べようという意欲をもつ』を達成するために、ICTを活用しました。給食の食材を3色食品群に分ける場面では、3つのグループの食べ物がバランスよく入っていることに気づかせるため、タブレット端末を使用します。また、苦手な食べ物を残してしまうと栄養バランスが悪くなってしまうことを理解させるため、パワーポイントのアニメーションを活用した資料を提示しました。

》本時の目標

・苦手な食べ物を進んで食べようとしない児童が、どの食べ物にも自分の体にとって必要な働きがあると知ることで、苦手なものも残さず食べようという意欲をもつことができる。

》食育の視点　　【心身の健康】

・食べ物の3つの働きを理解し、好き嫌いなく食べようとする意欲を高めることができる。

》指導計画　　（全2時間・本時2時間目）

1時間目（2年生時　給食指導）：「元気列車を走らせよう」（紙芝居）で食べ物は3色食品群に分けられることやその働きについて学ぶ。／2時間目：食べ物には体にとって必要な働きがあることを学ぶことで、好き嫌いしないで食べようという意欲をもつことができる。

》授業の流れ

1　　自分の食べ方を振り返る。

「苦手なものは残してしまうことが多い」「好き嫌いはあるけれど残さず食べている」

○食べ方チャート（授業の板書参照）では、普段の食べ方を振り返り、「好き嫌いのありなし」と「給食を残すか残さないか」の２つについて考えさせる。その後、食べ方チャートの中で自分の考えにもっとも近い場所に、ネームプレートを貼らせる。

2　苦手な食べ物でも食べている理由について考える。

「食べ物を残してしまうともったいないから」「食べないと大きくなれないから」

○食べ方チャートの「好き嫌いはあるが、残さないようにしている」群に注目し、なぜ苦手なのに食べているのか自由に発言させる。
○「栄養」や「働き」という言葉に注目し、体によい食べ方への興味につなげる。

3　栄養教諭から食べ物の働きについての話を聞く。

○食べ物は働きによって３つのグループに分けられることを伝え、代表的な食材が、どんな働きをするのかを考えさせる。

4　今日の給食に使われている食べ物を、タブレット端末を使い３色食品群に分ける。

「豆腐は大豆からできているから、体をつくるもとになる食べ物かな」
「給食には野菜がたくさん使われているね」

5　給食を残してしまうとどうなるのかを考える。

「苦手なものを残すと栄養バランスが悪くなってしまう」「風邪をひいたり、力が出なかったり、大きくなれなくなったりする」

体から食べ物がなくなると元気が出なくなる様子をアニメーションで見せる。

[イラスト © 少年写真新聞社 SeDoc]

○パワーポイントのアニメーション機能を使い、児童に苦手な食べ物を聞きながら、体から食べ物がだんだんとなくなる様子を見せる（右図）

6　健康な体をつくるためにはどんな食べ方をしていけばよいか、これからの自分の食べ方について考える。

「これからも風邪をひかないように野菜をしっかり食べたい」
「苦手なものは残してしまっていたけれど、少しずつ食べていけるように頑張りたい」

》 授業の板書

・「育ちゆく体とわたし」で、体をよりよく発育・発達させるために、好き嫌いせず多くの食品を食べることの大切さを学ぶ。【4年生・保健体育】
・「日常の食事に生かそう」で、3色食品群と五大栄養素の関連を理解する。【5年生・家庭科】
・「1食分のこんだてを立てよう」で、3色食品群を活用する。【6年生・家庭科】

≫ 本時の展開

段階	学習活動	○支援 □評価 ・留意点
つかむ	○自分の食べ方を振り返ろう。 ・嫌いなものは残してしまうことが多い。 ・好き嫌いはない。 ○苦手な食べ物でも食べている理由について考えよう。 ・「食べなさい」と言われるから。 ・食べないと栄養がとれないから。	○普段の食べ方を振り返らせるために、食べ方チャートにネームプレートを貼らせる。（T1） ・好き嫌いはあるが、残さないようにしている群に注目させ、自由に発言をさせる。「栄養」や「働き」という言葉が出たら知っていることを発言させ、体によい食べ方への興味につなげる。（T1）
見通す	食べ物のひみつを知って、体によい食べ方を考えよう。 ○食べ物の働きについて栄養士の先生に聞いてみよう。	○食べ物は働きによって3つのグループに分けられることを知らせ、代表的な食材が、どんな働きをするのか考えさせる。（T2）
深める	○今日の給食に使われている食べ物がどのグループに入るか話し合って分けてみよう。 ○給食を残すとどうなってしまうのかな。 ・嫌いなものを残すと栄養バランスが悪くなってしまう。 ・成長が止まってしまう。	・クロームブックを開き、話し合いながら食べ物のイラストを3つのグループに分ける。 ○給食には3つのグループの食材がバランスよくそろっていることに気づかせ、残すと体はどうなってしまうのか、考えさせる。（T1・T2）
まとめる	○健康な体をつくるためには、どんな食べ方をしていけばよいか考える。 ・風邪をひかないように野菜をしっかり食べる。 ・嫌いなものは、少しずつ食べる量を増やしていく。 ○これからの自分の食べ方を発表する。 苦手な野菜も頑張って食べたい。 前よりも魚を食べられるようにしたい。 家でも給食みたいに食べたい。	○これからの自分の食べ方について考えさせる。（T1・T2） ・好き嫌いがない子も、これからも好き嫌いなく食べることが自分の健康につながると考えられるように伝える。 □食べ物の働きを知り、好き嫌いなく食べようとする意欲をもてたか。（ワークシート）

アニメーション機能で視覚化の効果を高める

皆さんのICT活用のスキルはここ数年で格段に向上し、本事例のような優れた取り組みを紹介し合い、共有する研修の枠組みが整い始めていることが伺えます。そうしたボトムアップの学び（これまではトップダウンになりがちでしたが）こそがこれからの研修の方向になります。

さて本事例では、「苦手なものも残さず食べよう」とする意欲を引き出すためにICTが効果的に取り入れられています。

1つ目は給食食材を3色食品群に分ける場面でのタブレット端末の活用です。ICTの強みである視覚化と操作活動が効果を発揮しています。当日の給食に使われる食べ物を、楽しみながらグループ分けしている姿が想像できます。

2つ目は給食を残すとどうなるのかを考える場面において、パワーポイントのアニメーション機能を活用し、視覚化の効果をより高めている点です。体から食べ物がなくなる動きは、アニメーションの強みです。このように指導のねらい、あるいは児童生徒の実態に即したICT活用を構想し、実践していくことが令和の日本型学校教育で明示された栄養教諭の専門性であることがわかります。

さらに、授業の導入場面、「自分の食べ方を振り返る」に際して「食べ方チャート」を用いて振り返りを確かなものにしています。学習指導要領で示されている「考えるための技法」が取り上げられている点も注目です。「食べ方チャート」を活用することで「好き嫌いはあるが、残さないようにしている」群に無理なく目を向けさせて、体によい食べ物の学習に自然につなげています。児童の学びの文脈に沿った展開となっている点も、この授業づくりから学びたいことです。

 **ひとくちレッスン　授業が楽しくなる雰囲気をつくろう**

授業は、何を伝えるかも大切ですが、誰が伝えるかはさらに大切です。特に小学校においては顕著に表れます。先生のまとっている雰囲気が授業の出来を左右するのです。

授業の冒頭、5分間がポイントになります。これから始まる授業が楽しくなるように雰囲気をつくることが必要です。笑顔で話すこと、ハキハキと語ること、短い文章で説明すること、などリズムとテンポをつくる手立ては前提です。

さらに参加を引き出す仕掛けも効果的です。例えば、日付を書いた後に、「次は、何て書くと思うかな」と聞きます。なかなか正解が出ません。それが大切で、間違っていいという雰囲気をつくることにつながります。子どもが口々に言ってくれればしめたものです。参加の空気が醸成されるのです。

兵庫県朝来市立
中川小学校・実践例

担任教諭

岩津ねぎぽんせんを プログラミングで アピールしよう！

～IPP（岩津ねぎぽんせんプログラミング）プロジェクト～

4つのチーム（朝来市、岩津ねぎ、ぽんせん、岩津ねぎぽんせん）に分かれて、それぞれの良さをアピールするアニメーションをプログラムしたものを作って交流し、ブラッシュアップしていきます。

》授業のポイント

　食育×プログラミング×ふるさと学習（地域学習）の実践です。朝来市についての学習、岩津ねぎの栽培体験や調べ学習、校区にあるぽんせん※工場の見学や学習会、プログラミングの学習などを経て、IPP（岩津ねぎぽんせんプログラミング）プロジェクトとして、「Scratch3.0」を使ってプログラミングアニメーションを作りました。テキストマイニングツール（Mentimeter、テキスト解析）、発表ボードを使って、プログラミングアニメーションをブラッシュアップしていきました。

※ぽんせん…（株）マルサ製菓（朝来市）が作る、小麦粉がベースの伝統的なお菓子。
http://www.marupon.jp/products/index.html

》本時の目標

・地域の特徴や岩津ねぎ、ぽんせんの良さを、プログラミングでよりよくアピールするにはどうしたらよいか考え、アニメーションをブラッシュアップすることができる。

》食育の視点　【食文化】

・地域の特産である岩津ねぎの特徴を知り、校区の工場で作られている岩津ねぎぽんせんのアピールアニメーションを作ることで、地域の食文化を尊重する心をもつ。

》指導計画　（全24時間・本時22時間目）

第1次：わたしたちのすんでいる市の様子〜岩津ねぎについて知ろう〜（社会科・3時間）／岩津ねぎを栽培しよう（4時間）／工場ではたらく人びとの仕事〜校区のぽんせん工場を見学しよう〜（3時間）
第2次：岩津ねぎぽんせん、岩津ねぎ、朝来市について知ろう（4時間）／岩津ねぎぽんせんのオリジナルキャラを作ろう（図工科・2時間）／岩津ねぎぽんせんのアピールアニメーションのプロットを作ろう（2時間）／オリジナルプログラムを組み立てよう（3時間）／オリジナルプログラムをブラッシュアップしよう（3時間）

》授業の流れ

1　朝来市、岩津ねぎ、ぽんせんのアピールポイントを振り返る。

（1）テキストマイニングツールを用いて本時の学習に関心をもつ。

【朝来市のアピールポイント】自然豊か・岩津ねぎ・竹田城跡・生野銀山・円山川・朝来みどり（お茶）　など

【岩津ねぎのアピールポイント】白ネギと青ネギの中間種・白い部分が30cm以上・とろとろで甘い・天ぷら

【ぽんせんのアピールポイント】砂糖不使用・地元の素材を使用・昔からある・岩津ねぎぽんせん

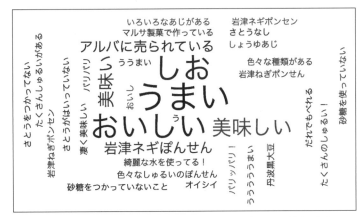

▲「ぽんせん」のアピールポイントをテキストマイニングツールで抽出したもの。

○本時までの学習を想起させ、実物やテキストマイニングツールを用いて情報を整理することで、本時の学習に関心と見通しをもたせる。

（2）ブラッシュアップポイントの確認。

○4つのチームが作ったアニメーション（朝来市、岩津ねぎ、ぽんせん、岩津ねぎぽんせん）を確認し、アドバイスのポイント（内容面→写真や絵、時間、具体的かどうかなど）（プログラミング面→BGMや効果音、セリフのタイミングや長さ、キャラクターの動きや表示時間が見やすいかどうか）について確認する。

2　各アニメーションの改善点を話し合う。

・自分のチームのプログラムと比べたりしながら良いところ、改善点を伝え合う（発表ボードにKJ法※で書き込み、情報共有する）。※KJ法…付せん等にアイデアを書き、整理、分析すること。

・友達から出た意見を整理し、自分たちのブラッシュアップの方向性を話し合う。

3　アニメーションをブラッシュアップする。

・話し合った改善点をプログラミングではどう改善していくか、試行錯誤しながらアニメーションをブラッシュアップする。

○ブラッシュアップ後、学習支援ソフトを用いて振り返りを行う。完成したアニメーションは岩津ねぎぽんせんのパッケージにQRコードで掲載されることを伝える。

【4つのチームが作ったアニメーション】

○朝来市チームの動画より抜粋

朝ちゃんは朝来市のことなら何でもしっているよ

好きな食べ物　但馬牛の肉まん
好きな場所　まほろば
身長　123センチ
歳　9歳

朝ちゃん

はちじいはヒメハナ公園のことなら何でも知っているよ

好きな食べ物　岩津ねぎぽんせん
好きな場所　中川小学校
身長　2025センチ
歳　841歳

はちじい

竹ぱあは竹田城のことなら何でも知っているよ

好きな食べ物　黒大豆
好きな場所　多々良木美術館
身長　２０２３センチ
歳　202歳

竹ぱあ

朝来市は自然がいっぱいで観光名所がいっぱいあるよね！！

竹田城は1443年に出来たよ！

この素晴らしい朝来市の環境でぽんせんと言うお菓子も作られているよ

▲朝来市のことや観光名所について詳しいキャラクターが登場し、放課後に出かけるストーリー。写真を背景に、観光名所のそれぞれの魅力を説明し、素晴らしい環境で「ぽんせん」が作られていることにつなげている。

○岩津ねぎチームの動画より抜粋

ねぎなべこ　岩つねぎ畑　ねぎごん　ねぎやきこ　ねぎドリル　ねぎねこ

岩つねぎは、知っていますか？

ねぎなべこ　岩つねぎ畑　ねぎごん　ねぎやきこ　ねぎドリル　ねぎねこ

白ねぎと青ねぎのちょうど中間種だよー

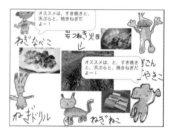

ねぎなべこ　岩つねぎ畑　ねぎごん　ねぎやきこ　ねぎドリル　ねぎねこ

オススメは、すき焼きと、天ぷらと、焼きねぎだよー！

オススメは、と、すき焼きと、天ぷらと、焼きねぎだよー！

ねぎなべこ　岩つねぎ畑　ねぎごん　ねぎやきこ　ねぎドリル　ねぎねこ

岩津ねぎは、朝来市の人が、育ててくれているよ～

ねぎなべこ　岩つねぎ畑　ねぎごん　ねぎやきこ　ねぎドリル　ねぎねこ

みんなも食べてみてねー

終わり

▲岩津ねぎ畑の写真をねぎのキャラクターが囲み、「岩つねぎは、知っていますか？」から始まり、写真を切り替えながら、岩津ねぎの特徴やおすすめ料理、生産者の紹介をしていく。

○ぽんせんチームの動画より抜粋

今日は、兵庫県朝来市のマルサ製菓に来たポン

わあー！美味しそうぽん

なるべく地域の物をつかっているぽん

▲キャラクターがマルサ製菓の工場見学に出かけ、ぽんせんが作られていく様子を見学しながら、地域のものを使っている点、値段、味などについて写真を切り替えながら説明していく。

○岩津ねぎぽんせんチームの動画より抜粋

▲プリンスが現れ、追いかけて行くと、岩津ねぎぽんせんの山を発見。プリンスは「岩津ねぎぽんせん」のことをよく知っていて、朝来市特産品の岩津ねぎを使用していることや、サラダ味のぽんせんに使われていることなど説明する。

≫ 授業の板書

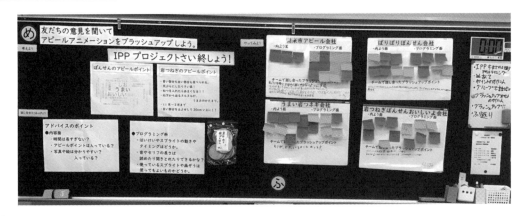

≫ 応用できます！

・成果を他地域の小学校と交流する。今回、丹波篠山市立城南小学校３年生と、地域の伝統野菜、丹波の黒大豆と岩津ねぎの発表交流をした。

》本時の展開

学習活動	指導上の留意点 ○配慮点　■評価	ユニバーサルデザイン （UD）の視点
１．前時までの学習内容を振り返る。 　　朝来市、岩津ねぎ、ぽんせんのアピールポイントを振り返る。	○前時までの学習を想起させ、テキストマイニングツールを用いることで本時の学習に関心をもたせる。	指示・発問の工夫 （働きかけ）
２．本時のめあてを知る。		
友だちの意見を聞いてアピールアニメーションをブラッシュアップしよう		
３．アドバイスのポイントを確認する。	○内容面（アピールポイント、写真や絵、時間）についてのポイントと、プログラミング面のポイント（音声、BGM、メッセージ機能、タイミング、表示時間）について確認する。	導入・展開の工夫 （課題の明確化） 視覚支援の工夫 （モデル提示）
４．各グループのプログラムをプレゼンし、良い点と改善点を話し合う。 ①朝来市チーム ②岩津ねぎチーム ③ぽんせんチーム ④岩津ねぎぽんせんチーム	○アドバイスのポイントを意識しながら、良いところ、改善点を伝え合えるようにする。 ■自分のチームのプログラムと比べたり、これまでの学習を振り返ったりしながら、他チームの良い点や課題点を考えることができる。 【思・判・表】	机間指導の工夫 （声かけ） 視覚支援の工夫 （ICTの活用）
５．友だちから出た意見を共有・検討し、プログラムをブラッシュアップする方向を決める。（グループ学習）	○友だちから出た意見を整理し、自分たちのプログラムの改善点、また良い点を伝え合えるようにする。 ○プログラムのブラッシュアップのポイントを考えさせ、プログラミングに活かせるようにしておく。	学習展開の工夫 （グループ討議） 視覚支援の工夫 （教具の活用）
６．プログラミングをブラッシュアップする。	○本格的には次時以降に改善していくことを伝え、残り時間を見つつプログラミングを改善していく。 ■自分のチームのアニメーションについて、良いところは大切にしつつ改善点を見いだし活かそうとしている。【思・判・表】	
７．本時の振り返りをする。	○学習支援ソフトを活用して、本時の振り返りをさせる。	視覚支援の工夫 （ICTの活用） 個別への配慮 （支援）

地域の伝統野菜を教材に ICTの可能性を広げる

「IPPプロジェクト」と聞いて、何だろうと心ひかれたのではないでしょうか。「岩津ねぎぽんせんプログラミング」の略で、この興味深いタイトルに食育とICTとふるさとへの思いが込められています。岩津ねぎは、JAたじまHPによると、江戸時代に生野銀山の採掘に携わっていた人びとの、冬の栄養源として栽培が始まったとされる、歴史ある特産品です。

朝来市で栽培されたものだけが「岩津ねぎ」として市場に出荷され、11月下旬から3月下旬までの期間限定で販売されます。伝統野菜の良さをプログラミングでよりよくアピールする、伝統にICTを重ねることによって新しい実践の視界が開けた優れた事例です。

この事例を基にICTの可能性をさまざまに検討することを通して、食育実践を学校教育全体で取り組む追い風にすることができます。今回の実践では、地域の特産である岩津ねぎや校区の工場で製造されているぽんせんについて、多くの方が子どもたちの取り組みに関わっています。校内はもとより地域の方が食育実践に関わることは食育の取り組みの理解者を増やす、さらに継続して取り組むことを支えることにもつながっていきます。

授業者は、ICTの可能性をさらに広げて、テキストマイニングを活用したり、パッケージにQRコードを掲載したり、さらには、丹波篠山市立城南小学校3年生と、オンラインで地域の伝統野菜、丹波の黒大豆と岩津ねぎの発表交流を実現しています。もちろん、ICTの価値を最適化している取り組みですが、大切なことは「相手意識」です。主体的・対話的で深い学びを実現するカギとなる、「相手意識」、これは授業づくりの本質であり、この本質を基にしてICT活用によって学びを加速しているのです。

ひとくち
レッスン　　" 技法 " ありきにならないように

「考えるための技法」は、子どもの学びを深めてくれます。一方で、「考えるための技法」ありき、になることは避けなければなりません。必ずうまくいくものではないのです。子どもたちの課題を基にした育てたい食の内容を踏まえて用いることが大切です。食に関する指導の全体計画でも同じ構造でした。目的の上での一つの手立てです。学習指導要領においても「考えるための技法」がどのようなものか具体的に列挙して示すことはしていません。それは、総合的な学習の時間だけでなく、各教科等において、どのような「思考力、判断力、表現力等」を養いたいかということを踏まえつつ、児童の実態に応じて活用を図ることが期待されるからです。

兵庫県丹波篠山市立
城南小学校・実践例

担任教諭(T1)／栄養教諭(T2)

健康によい水分補給を考えよう

> 清涼飲料水と同じ濃度の砂糖水を飲み比べています。甘過ぎる砂糖水とおいしい清涼飲料水の違いから、大量の砂糖が、味や炭酸、冷たさに隠れていることに気づきました。

》授業のポイント

　清涼飲料水に含まれる砂糖の量についてICTを活用して計算し、同じ濃度の砂糖水と清涼飲料水を飲み比べる活動を通して、清涼飲料水を飲むと知らず知らずのうちに大量の砂糖をとっていることに気づくことができます。さらに、栄養教諭から砂糖のとり過ぎの影響等について教えてもらうことで、健康によい水分補給の仕方を考えさせることができます。

》本時の目標

・健康によい水分補給を考えることができる。

》食育の視点　【心身の健康】

・清涼飲料水には多くの砂糖が含まれていることを理解し、飲み物の種類や飲む量を見直すことができる。

》指導計画　（全1時間）

事前指導：食育アンケートに答える。（Googleフォーム）
　　　　　好きな飲み物アンケートに答える。（Googleフォーム）
1時間目：清涼飲料水には多くの砂糖が含まれていることを理解し、飲み物の種類や飲む量を見直すことができる。
事後指導：水分補給日記をつけて、十分な水分補給ができているか、砂糖をとり過ぎていないか確認する。（Googleスプレッドシート）

▲アンケート結果を見せる。

≫ 授業の流れ

1　健康によい水分補給について考えるめあてをつかむ。

（1）1日にどれくらいの水分をとる必要があるのかを知る。

「汗をかくことで体温が下がって熱中症にならないのか」「（ペットボトルの水を見て）1日に2、3ℓも水分が出ていくんだ」「1.5ℓも飲んでいるかな」

（2）ジュースの飲み方の実態を知り、課題をもつ。

「飲み過ぎると虫歯になるから、飲み過ぎないようにしているよ」

「体によいジュースって、どんなものかな」

2　清涼飲料水に含まれる砂糖の量を調べ、同じ濃度の砂糖水と飲み比べることで、清涼飲料水にはたくさんの砂糖が含まれていることを体感する。

○Googleスプレッドシートに、100g当たりの砂糖（炭水化物）の量と内容量を入力して、ペットボトル1本に含まれる砂糖の量と、3.3gの角砂糖が何個分になるかを調べる。

【清涼飲料水】「おいしい」「甘い」「味がこい」「味がいい」「カラフル」

【砂糖水】「まっずーい」「あま〜い」「はきそう」

・酸味や炭酸、味、冷たさが、砂糖の多さを隠している。

3　砂糖の栄養や1日の摂取量の目安、とり過ぎの影響を栄養教諭から聞き、健康によい水分補給の仕方を考える。

「砂糖の少ない水やお茶で水分補給する」

「ご飯前や寝る前にはジュースを飲まない」

「ジュースはコップに入れて飲む」

「できるだけ砂糖の量を確認してジュースを買う（選ぶ）」

水分ほ給日記		名前					
がんばること		お風呂に入る前と入ったあとには、必ず水（お茶）を飲む。					
	6/28	6/29	6/30	7/1	7/2	7/3	7/4
いつ	火	水	木	金	土	日	月
朝　　　　（mL）	100	400	400	400	400	400	400
登下校・学校（mL）	700	700	400	300	300	300	700
給食の牛にゅう（mL）	200	200	200	200	200	400	200
帰って〜おふろ（mL）	200	300	200	200	600	500	800
おふろ〜ねる前（mL）	600	700	700	600	700	700	700
飲んだ水分量（mL）	1800	2300	1900	1700	2200	2300	2400
飲んだ種類	牛にゅう	牛にゅう	牛にゅう	牛にゅう	牛にゅう	牛にゅう	牛にゅう
	お茶	お茶	お茶	お茶		お茶	お茶
	水				水	水	
	緑茶				緑茶	緑茶	

▲Googleスプレッドシートで作成した水分補給日記。

≫ 授業の板書

≫ 応用できます！

・季節ごとに水分補給日記をつけることで、水分補給や健康に気をつけることができる。

・タブレット端末の中にデータが残ることで、食についての学びが蓄積されていく。

》本時の展開

学習活動	教師の指導（・）と評価（◆）	（備考）
1　1日にどれくらいの水分をとる必要があるかを知る。	・子どもの体は70%が水分で、体の中で必要なものや不必要になったものを運んでいることを知らせる。 ・汗、尿、便として体から水分が出ていき、食べ物と飲み物で水分を補って健康を保っていることを知らせる。 ・1日に飲み物で1.5ℓの水分をとる必要があることを知らせる。	イラスト
2　ジュースの飲み方の実態を知り、課題を持つ。 ・どうして飲み過ぎないようにしているのかな。 ・体によいジュースってどんなジュースかな。	・アンケート結果を見せ、理由や感想を発表させる。 <table><tr><td>飲み過ぎない</td><td>20人</td></tr><tr><td>ご飯の前やねる前に飲まない</td><td>9人</td></tr><tr><td>気をつけていることはない</td><td>4人</td></tr><tr><td>体によいものを選ぶ</td><td>2人</td></tr></table>	表
	健康によい水分ほ給を考えよう。	グラフ
3　ジュースに含まれる砂糖の量を調べる。 ・砂糖がたくさん入ってる。 ・そんなに多いとは思わなかった。	・好きな飲み物ランキングを発表し、甘いものが多いことや、含まれる砂糖に焦点化する。 ・どうすれば含まれる砂糖の量がわかるかを投げかける。 ・炭水化物と表記されているのが砂糖であることを知らせ、スプレッドシートへの入力の仕方を教える。 ・砂糖の量を3.3gの角砂糖に換算し、砂糖の多さが見えるようにする。	スライド スプレッドシート 画用紙(班) ペットボトル 角砂糖
4　なぜ炭酸飲料は甘過ぎずおいしく感じるのか考える。 ・炭酸がシュワシュワしているから。 ・味がついているから。 ・冷たいから。	・炭酸飲料と同じ濃度の砂糖水を飲み比べ、違いについて考えさせる。 ・炭酸飲料が飲めない子用の清涼飲料水も用意しておく。	紙コップ 炭酸飲料 砂糖水
5　砂糖をとり過ぎると困ることを考える。 ・虫歯になる。 ・太る。 ・病気になる。	・砂糖の栄養や摂取量の目安、とり過ぎの悪影響について、栄養教諭（T2）が指導する。 ・とり過ぎの悪影響を、子どもと対話をしながら考えを引き出す。 ・運動や勉強で、とり過ぎた分を消費できることや、ご飯やパンを食べることで糖分がとれることも知らせる。	
6　健康によい水分補給をするためには、どうすればいいか考える。 ・お茶を多めにする。 ・ジュースは家族と分ける。 ・コップにうつしかえる。 ・必要な分だけ飲む。	◆砂糖をとり過ぎないようにするために、飲み物の種類やジュースの量を減らす工夫を考えている。	Forms
7　授業の感想を書く。	・入力の補助をする。	Forms
8　「水分補給日記」について聞く。	・飲み物の種類と量を記録し、1日1.5ℓの水分摂取ができているか、砂糖をとり過ぎていないかチェックすることを知らせる。	スプレッドシート

【事後の活動】

活動の場	活動内容	指導と評価
6月28日（火）～ 7月4日（月）	十分な水分補給ができているか、糖分をとり過ぎていないかを確認する。	・1日目が終わったところで、「水分補給日記」のつけ方について質問がないかを確認する。 ・水分補給を必ずした方がよい場面を考えさせる。 ◆飲み物の種類や飲む量を選んで、適切な水分補給ができている。

定番授業に効果的に ICT を活用する

食に関する指導におけるICTの活用の良さを明確に示したモデル事例です。清涼飲料水に含まれる砂糖の量を取り上げ、健康によい飲み方を考える定番の授業が、より主体的・対話的で深い学びになるようにICTを効果的に活用しています。

1点目は、好きな飲み物アンケートをGoogleフォームでとり、結果をわかりやすく示して共有することによって本時のテーマへの動機付けがなされています。

2点目は、角砂糖を用いて視覚的な支援によって実感をもたせる場面を、班ごとに調べるジュースを決め、表示から計算し、それを角砂糖の個数に換算して砂糖の多さが実感できるよう、転換しています。関わることによって実感がもてることをICTが実現しています。

3点目は、「水分補給日記」と名付けた振り返りです。スプレッドシートを用いて十分な水分補給ができているか、砂糖をとり過ぎていないかを確認するという、事後指導につなげることで、学級活動（2）での実践の方向を示してくれます。学んだことを継続的に振り返りながら学びを深めていく、そこにICTが活用されていることも大きな意味があります。

原則である、授業づくりとICT活用を同時に考えないことが実践できていることを学んでほしいと思います。ICTを取り入れることによって学びが深まり共有が加速する、ICTの強みを発揮する授業づくりが大切であることがわかります。

1単位時間の授業や短時間指導は、本来、熱中症が心配される時期に水分補給について考える必要があるといった、児童生徒の実態や課題から生まれるものです。全体計画も実態把握が欠かせない前提となりますが、実態を見据え、どのように育ってほしいかを思い描く、それが授業の実際に反映されていくのです。

 **ひとくちレッスン　ICT を活用して児童生徒に任せる**

ICT活用に当たってのポイントとして、それまで教師がしてきたことを児童生徒に任せることも1つの原則となります。清涼飲料水に含まれる砂糖の量を角砂糖の個数に換算することを児童生徒が行う。それによってより主体的な学びにつながるといえます。さらに作成した成果物を保存することで次年度以降の学習に生かしていく。食物に含まれるカルシウムの量を計算して見える化していくことを子どもの学習にする、給食室やランチルームの掲示を子どもたちの手によるものにする、校内放送の原稿や委員会活動の取り組みをより子どもの主体性を大切にしたものにする等、さまざまな場面でICT活用の機会を見つけることができるでしょう。

新潟大学附属長岡小学校・
実践例

担任教諭(T1)／栄養教諭(T2)

良さを発信、食事で実践！和食を食事に取り入れよう

> 給食の和食献立を紹介した資料から、和食にはさまざまな良さがあることに気づき、和食を自分の食生活に取り入れるための「和食アクション」を考えています。思考ツールを活用して、和食アクションを実践する場面や方法を明確にすることで、和食を食生活に取り入れようとする意欲を高めます。

》授業のポイント

　和食を食生活に取り入れようとすることは、健康面だけでなく、食文化の伝承や地産地消、食料自給率等の社会的課題の改善につながる価値があります。授業では、和食の良さへの気づきだけに留まらず、自分の食生活への取り入れ方まで検討します。家庭科や総合的な学習の時間の学びと、「和食の日」に給食で提供するオリジナルみそ汁を考える給食での取組を通して、和食の価値に気づき、自分の食生活に取り入れるための具体的な方法「和食アクション」を考えていきます。

》本時の目標

・思考ツールで「和食アクション」について話し合う中で、和食を自分の生活に取り入れるには、自分の食生活に合わせた実践しやすい方法で取り組むことが大切なことに気づき、自分に合った方法を見つけ、継続して取り組んでいこうと意欲を高めることができる。

》食育の視点　【食文化／食品を選択する能力】

・和食にはさまざまな良さがあることに気づき、自分の食生活に取り入れていこうと意欲を高めることができる。

》指導計画　（全3時間・本時2時間目）

1時間目：和食の特徴や良さを調べよう
2時間目：自分の食生活を振り返り、自分に合った和食を実践する方法を考えよう
3時間目：自分たちで考えた「和食の日 オリジナルみそ汁」と「和食のよさ」を紹介するポスターを作ろう

≫ 授業の流れ

1 自分の食生活を振り返り、和食を取り入れていけそうか話し合う。

○和食にはさまざまな良さがある一方で、和食離れが進んでいる状況を振り返り、自分たちができることについて考えるように働きかける。

「和食を食べる人を増やすために、良さをアピールして和食を広めていきたい」
「良さを広めるだけではなくて、自分にもできることがありそうだ。できることから取り入れていけばいいのかな」

2 思考ツールを活用して、具体的な場面をもとに「和食アクション」を考える。

○Yチャートを「食べる時」「食材選び・買い物」「献立・調理」の３つの場面に分類し、和食を実践する場面や方法を明確にし、自分の食生活に取り入れるための具体的な方法を考えられるようにする。

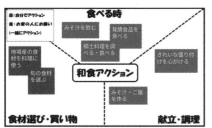 

◀児童が考えた和食アクション。Yチャートは、付せんを貼っていくイメージで取り組めるように、Googleドキュメントで作成。自分でできるアクションは赤色、家族にお願いするアクションは青色で区別している。

3 和食を自分の食生活に取り入れるために実践していきたいことを「私の和食アクション宣言」にまとめる。

○自分の食生活の中で、いつ・どのように実践したいアクションなのか、具体的にイメージしながら考えるように働きかける。

《アクション宣言》
●休みの日（土曜日など）の夜ごはんの時に、できるだけ長岡野菜が入った和食を食べることに取り組みます。

《家庭で実践した感想》
●郷土料理の煮菜を作りました。作ったことで栄養バランスもよくなり、地産地消もできてうれしかったです。とてもおいしくできました。

≫ 授業の板書

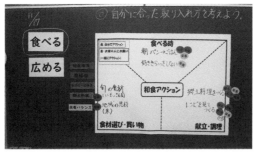

◀和食アクションを共有する場面では、考えた和食アクションが和食のどのような良さにつながっているのかを示して価値づけた。例えば「郷土料理を食べる」ことで、地産地消や自給率アップ、食文化の伝承につながることを確認。

≫ 応用できます！

・思考ツール「イメージマップ」を活用することで持続可能な食料生産のためにできることを多面的に考える。【5年生・社会科】
・「ごはん」と「みそ汁」のおいしい作り方を考え、家族に喜んでもらえるように工夫して作る。【5年生・家庭科】

≫ 本時の展開

過程	子供の学びの広がり・深まり	留意点、
	＜子供の追求＞	＜子供のスタートの意識＞
つかむ 15分	・和食には良いところがたくさんあるのはわかったけれど、自分の家ではあまり和食を取り入れていないから、どうしたらよいのかな。 ・給食では煮魚やきんぴらがよく残っているな。自分たちは実際に和食を食べることができているのかな。 　和食を実践することは食文化の伝承、地産地消、食料自給率等の社会的課題の改善につながることを理解し、自分が実践できているのか確かめたり、どうしたら実践できるのか考えたりしたいと意欲を高めている。 **1　和食を取り入れていけますか。** ・和食は好きだし、いつも取り入れているから大丈夫。 ・良さがあるのはわかるけど、苦手なものは残してしまうことがあるな。 ・「和食は良いところがあるから、たくさん食べよう」という考えだけでは和食は広がらない。自分の生活に合った取り入れ方を考えよう。 　和食の良さを知る一方、洋食化した食生活や和食の残量の多さを対比させる中で、「自分の食生活に、どうやって和食を取り入れたらよいか」と、自分に合った取り入れ方を考えようと意欲を高めてくる。	自分たちの食生活で和食を実践できているか確かめてみたい。 ○自分の食生活調査や給食残量を基に和食を実践できているか話し合う活動の組織
さぐる・見つける 20分	**◎　自分に合った取り入れ方を考えよう。** **2　具体的な場面を考えて「和食アクション」を考えよう。** ・イメージマップを参考に、どのようなアクションをしたらいいのか考えたい。 ・自分は地産地消が大切だと思う。地域の野菜を買うといいのかな。 ・給食にも和食が出るから、残さないように食べるといいのかな。 ・郷土料理や行事食を食べることも和食アクションになるから、もっと郷土料理や行事食を知りたいな。 　実践しやすい方法で取り組むことが大切なことに気づき、仲間の考えを参考にして自分が考えた取り入れ方を見直そうと意欲を高めている。	○思考ツールを活用して『和食アクション』について話し合う活動の組織 ・「食べる時」「食材選び・買い物」「献立・調理」の場面で分類させ、具体的な取り組み方を書き込む。
決める 10分	**3　和食を自分の食生活に取り入れるために実践していきたいことを「私の和食アクション宣言」に書きましょう。** ・ご飯とみそ汁は和食の基本だから、自分で作れるようになって実践していきたい。 ・家の人と買い物に行く時は、地元食材を選んだり、魚料理を作ってもらったりしよう。 ・朝ごはんを工夫してご飯の日を増やしてみたい。 　自分に合った方法を見つけ、継続して取り組んでいこうと意欲を高めていく。	○自分が取り組みたい『和食アクション』を考える場の設定 評：自分の考える和食の良さや、食生活の実態を踏まえた、具体的な実践方法を意思決定している。

授業のヒント 🔍

指導の適時性と
思考ツールによる支援

小学校学習指導要領解説・特別活動編では、「心身の健康に関する内容にとどまらず、自然の恩恵への感謝、食文化、食料事情などについても各教科等との関連を図りつつ指導を行うことが重要である」とされています。つまり、食文化に関しても意思決定が求められており、これからの実践の課題となっています。本事例は児童の実態と育てたい資質・能力から引き出された実践であり、その課題に果敢に挑んだ優れた事例となっています。難しい課題を乗り越えるために大きく二つの手立てを講じています。

一つが、指導の適時性を踏まえた教科等横断的な指導です。「そうせい（総合的な学習の時間）」で米粉レシピ、家庭科でごはんとみそ汁について学ぶなど、食に対する意欲を高めてきた児童に「和食の日」に提供するオリジナルみそ汁作りを働きかけています。みそやだし、地域の特産品や旬の野菜だけでなく、「和食」に目を向けた児童は、和食の良さをもっと知りたいと願いをもちます。そこで、給食の和食献立を基に、和食の良さについて考える展開となっています。

二つ目は、思考ツールです。食生活に取り入れてみたい和食のイメージを明確にする活動を組織する際、思考ツールを活用して「献立・調理」「食材選び・買い物」「食べる時」の場面で分類・整理しながら、和食を取り入れるための方法を具体化していきます。そして、導き出した取り入れ方を家庭で実践し、振り返り、ポスターなどにまとめて全校に伝えようと新たな活動へ入っていきます。こうした意欲的で新たな可能性を見いだした実践は、実践者がこれでいいのだろうか、児童にとってより意味のある活動はないかと、悩みながら誠実に挑んできた成果であることを付記しておきます。

ひとくちレッスン　ICTと思考ツール

学習指導要領では、「考えるための技法」を明確に位置付けています。「考えるための技法」とは、例えば、比較する、分類する、関連付けるなどの考える際に行われる情報の処理方法のことです。「考えるための技法」を指導する際には、比較や分類を図や表を使って視覚的に行うことが有効となります。従って、ICTの活用と極めて親和性が高く、ICTの活用が生きる手立てになります。本事例では、「Yチャート」を活用しています。「Yチャート」の3分割された中に書く内容を変えることができる、汎用性の高さがあります。また、本事例では「イメージマップ」も活用可能です。今後さまざまな学習場面での活用が期待できます 。

京都府亀岡市立
大井小学校・実践例

担任教諭／栄養教諭
[日車光佑教諭、
船森菜摘（武庫川女子大学教育学部学生）]

伝統野菜を通して地域への愛着の心を育てる

※専門家の竹本哲行さんに聖護院大根を提供いただく。

伝統野菜に関わる専門家との交流や実物に触れる活動を通じて、「本物の声」を聴くことで説得力が増し、実感を引き出します。専門家から、生産する上での努力や工夫、さらに広い視野からの情報を提供いただき、伝統野菜に関わる学習への意欲を高めます。

≫ 授業のポイント

　亀岡市で盛んに生産されている、京の伝統野菜である聖護院大根を足場に、伝統野菜をより身近に感じ、地域への愛着をもつことを目指します。授業では、聖護院大根に関わる人からの話を聞き、本物の野菜に触れることで、資料で確認するだけではつかめない情報を五感で感じることができる場を設けます。

≫ 本時の目標

・本物の野菜を教室に持ち込み、実際に触れながら意見を交わす機会を設けることで児童の学びを深める。さらに、地域の伝統野菜である聖護院大根を取り上げることで地域への愛着をもたせる。

≫ 食育の視点　　【食品を選択する能力／食文化】

・伝統野菜にはさまざまな良さがあることに気づき、自分の食生活に取り入れていこうと意欲を高める。

≫ 指導計画　　（全3時間・本時1時間目）

1時間目：聖護院大根の良さを考える。
2時間目：他の地域の大根と聖護院大根を比較する。
3時間目：伝統野菜存続をテーマに話し合う。

》授業の流れ

1　亀岡市が聖護院大根・かぶの産地であることを知る。

○聖護院大根が亀岡市で盛んに栽培される京の伝統野菜であることを確認する。聖護院大根について、「先生も一緒にプロの方から学ぶ」という目標を掲げ、学習に対する意欲を引き出す。

「初めて知った」「亀岡市ってすごいんだ」「食べたことあるのかな」

2　京都府農林水産技術センターの竹本哲行さんから話を聞く。

○大根に携わる専門家から話を聞き、実物の聖護院大根に触れる機会を設け、学びを深めるようにする。

「本当に甘いのかな」「ダイコンとカブの違いは葉っぱなんだ」「大根炊きの時に食べるのが聖護院大根なんだ」「食べてみたいな」「『大根十耕』という通り、土を柔らかくすることが大事なんだ」

3　聖護院大根の良いところ探しを行う。

○「ロイロノート」のベン図を用い、「消費者」「生産者」「産地」の３つの視点から聖護院大根の良いところ探しを行う。

【消費者の視点】「辛くなく甘味がある」「煮崩れしない」
【生産者の視点】「普通の大根より甘いため売れる」「地域で大根を食べてもらえる」「伝統野菜を守ることができる」
【産地の視点】「伝統野菜を紹介できる」「亀岡市の稼ぎになる」「亀岡市を知ってもらうきっかけにできる」

▲ロイロノートのベン図を使って、３つの視点から聖護院大根の良いところ探しを行うよう説明する。

4　振り返りをする。

後継者不足など伝統野菜を作り続ける苦労はあるものの、良さも多い。だからこそ、その良さに注目し、伝統野菜として「ブランド化」することで付加価値を高めるという生産者や産地の工夫が見られる。

》ICTの活用法

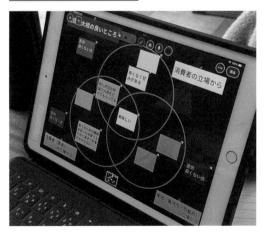

【ロイロノートのベン図】

　小学校社会科・学習指導要領によると「3（2）イ　消費者や生産者の立場などから多角的に考えて」とある。ロイロノートのシンキングツール®（ベン図）を用いることで、児童が考えた「伝統野菜を作り続ける良さ」や「苦労が誰の立場のものなのか」を明確にできた。聖護院大根が京野菜として「ブランド化」されていることで、多方面に影響を与えることを考えるきっかけとなった。

》応用できます！

・思考ツールを活用することでこれからの米作りについて多角的に捉え、自分の考えを表現する。【5年生・社会科】
・地域の伝統野菜をみそ汁の実に入れてみそ汁を作る。【5年生・家庭科】

》本時の展開

展開	活動内容【児童の反応】	指導上の留意点◇評価	準備物
導入（5分）	1．亀岡市が聖護院大根・かぶの産地であることを知る。	・亀岡市の特産物を挙げさせ、地域について興味・関心をもたせる。 ・亀岡市が聖護院大根の栽培が盛んであることに触れる。 ・大根の動画や写真を示すようにする。	写真・動画
展開（10分）	2．めあてを確認する **聖護院大根についてくわしくなろう** 3．竹本さんからお話を聞く ・亀岡市ってすごいんだ ・食べてみたいな ・本当に甘いのかな ・初めて知った	・京都府農林水産技術センターの竹本哲行さんの話を聞いてメモを随時取らせる。	
（15分）	4．聖護院大根の良いところ探しをする ・煮崩れしにくい ・亀岡に人を呼べる ・辛くなくて食べやすい	・聖護院大根の良いところをロイロノートを使用し、書き出させる。	ロイロノート
（10分）	5．良いところをグループに分ける	・消費者、生産者、産地の目線からベン図を使用し、グループ分けをさせる。 ・食料生産の学習を思い出させる。	
まとめ（5分）	6．本時の学習を振り返る	・ほかの人の考えを見て、良いなと思ったことを共有させるようにする。 ・大根を作ることによってどんな意義があるのかを考えるようにする。 ◇消費者、生産者、産地の視点から大根について理解を深めている。	

▶ロイロノートのベン図を用いた児童の振り返り。「聖護院大根の良いところ」を消費者、生産者、産地の視点からまとめている。

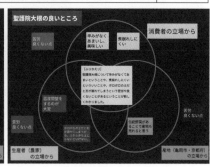

授業のヒント

本物の体験と
ICT の技法を生かす

　京都の伝統野菜、聖護院大根を教材に、亀岡市の小学校5年生で行った授業を2回に分けて報告します。本実践は、藤本ゼミの学生が授業の基本的なデザインを行い、担任の先生との議論を経て実践につなげたものです。全3時間の授業を通して、子どもたちには身近な関心事でなかった聖護院大根への見方や考え方が変わっていきました。

　本時のポイントは2点あります。1点目は本物の登場です。ゲストティーチャーの竹本さん（京都府農林水産技術センター）が持参した聖護院大根の大きさとみずみずしさが子どもたちの心を捉えました。合わせて竹本さんが語る伝統野菜の価値とその魅力によって、子どもたちの関心が聖護院大根に少しずつ寄せられていきました。まさに本物の人や物を出合わせることによって、伝統野菜を俯瞰して見ることができ、また伝統野菜

の栽培に取り組んでいる竹本さんの価値が発揮され、学びが深くなる事例です。

　2点目は、ICTの技法を授業の目的に合わせて取り入れていることです。学んだことを「消費者」「生産者」「産地」の3つの視点から整理して考えるため、ベン図を用いています。子どもたちがどのように考えればよいかという思考スキルを身につける手段として、思考ツールが提案されています。今回であれば、ベン図によって思考が整理され、構造的に理解が進むことを支援することができました。考えるための技法をICTにうまく載せている優れた事例となっています。

　1時間目の実践を受けて、2時間目（72-75p）は鹿児島の桜島大根、岐阜の守口大根、東京の伝統大蔵大根の産地に勤務する3人の栄養教諭から、それぞれの地域の伝統野菜の姿を語っていただく授業につながっていきます。

 ## ICT 活用の次のステップ

　ICTを本格活用し、次のステップに進んでいくためには、ICTを創造的な活動に活用できるようになることを目指す必要があります。つまり、ICTは授業をつくってくれるわけではないことを踏まえて、児童生徒の実態をもとに多様な学習方法や学習環境を整えていくことが大切です。ICTを授業が深い学びになるために活用

する、当たり前のことですが、これこそが次のステージの大きな課題です。その際に直接体験とICTを重ね合わせるハイブリッドの取り組みは、大きな意味をもっています。その直接体験において、食の体験や教材、何よりも学校給食が大きな価値をもっていることを栄養教諭には自覚してほしいです。

京都府亀岡市立
大井小学校・実践例

担任教諭／栄養教諭
[日車光佑教諭、
船森菜摘（武庫川女子大学教育学部学生）]

大根を通した交流学習で 地域への愛着の心を育てる

藤本 勇二

大蔵大根・守口大根・桜島大根についての理解を深め、聖護院大根と比較します。教室に大蔵大根の実物を用意することで、大きさやみずみずしさを実感します。

それぞれの地域の栄養教諭※が語る大根の魅力が子どもたちの学びを深めます。

※鹿児島県（鹿児島市立錦江台小学校・山下由紀子栄養教諭）、岐阜県（岐南町立西小学校・伊藤克子栄養教諭）、東京都（狛江市立和泉小学校・早乙女理恵栄養教諭）。

≫ 授業のポイント

全国3つの地域の栄養教諭とZoom Meetings（Web会議サービス）でつなぎ、交流学習を行います。鹿児島県の桜島大根、岐阜県の守口大根、東京都（世田谷区）の大蔵大根について話を聞き、質問の時間を設けます。それぞれを板書にまとめ、比較しやすく整理します。他の地域の伝統野菜の特徴や取り組みを学び、聖護院大根と関連付けて考えます。

≫ 本時の目標

・地域の伝統野菜と他の地域の伝統野菜の比較を通して、互いの大根の良いところに気づき、より自らの地域の伝統野菜に関心をもつ。

≫ 食育の視点　【食品を選択する能力／食文化】

・伝統にはさまざまな良さがあることに気づき、自分の食生活に取り入れていこうと意欲を高めることができる。

≫ 指導計画　（全3時間・本時2時間目）

1時間目：聖護院大根の良さを考える。
2時間目：他の地域の大根と聖護院大根を比較する。
3時間目：伝統野菜存続をテーマに話し合う。

≫ 授業の流れ

1　聖護院大根の良さを確かめる。

○前時の専門家・竹本さんの話やベン図を基に、聖護院大根の特徴について振り返る。

「とれたてで新鮮」「作っている人がわかる」「ブランド化されている」

2　他の地域の大根の話を聞く。

○3つの地域の栄養教諭から、伝統野菜の大根について話を聞き、整理する。

「大きさも形も違う」「味の特徴が違う」「それぞれに良さがある」

3　聖護院大根と、他の地域の大根を比較する。

○同じ大根でも地域によって多様であり、それぞれに良さがあることに気づかせる。

	桜島大根	守口大根	大蔵大根
特徴	世界一大きい やわらかくて甘い	世界一長い かたくて辛い 水分が少ない	やや大きい やわらかい 肉質が緻密で甘い
利用	煮物	漬物 切り干し大根	上部：生食 下部：煮物
地域とのつながり	珍しく、鹿児島でもあまり食べられない。	八百屋には売られていない。	昭和40年ごろまではよく作られていた。

▲左はF1種大蔵大根。右は伝統大蔵大根。

○大蔵大根の実物を段ボール箱から出すことで児童の興味関心を引き出す。

「大きいなぁ」「絶対うまい」「食べてみたい」

4　本時の学習を振り返る。

○本時で学んだ3つの伝統野菜の特徴と、亀岡の伝統野菜との共通点・相違点を考える。

≫ 授業の板書

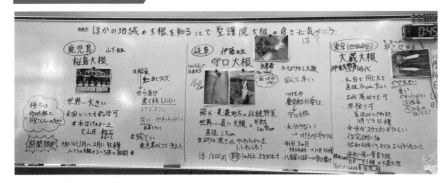

≫ 応用できます！

・他の地域から、伝統野菜を守る取組を学ぶ。【5年生・社会科】

・日本各地の地域の○○ナスを調べて、その良さについてコメントを添えて紹介する。
　【5年生・国語科】

》本時の展開

	活動内容	指導上の留意点◇評価	準備物
導入 5分	1．聖護院大根の良さを確かめる。 ・作っている人がわかる ・とれたてで新鮮 ・農薬が少ないので安心	・竹本さんの話やベン図をもとに亀岡市の聖護院大根の特徴について振り返るようにする。	前時のワークシート
展開	<div align="center">大根のちがいはなんだろう</div>		
30分 各5分 質問 各5分	2．他の地域の大根の話を聞く。 （栄養教諭とZoomでつなぐ） 　鹿児島県：桜島大根 　岐阜県：守口大根 　東京都：大蔵大根 ※説明の後に児童からの質問	・実物大の写真等を用意し、それぞれの地域の大根を想像しやすいようにする。 ・大蔵大根の実物を示して、伝統野菜により興味をもたせる。	実物大の写真 大蔵大根
5分	3．他の地域の大根と聖護院大根を比較する。 ・大きさも形も違う ・味の特徴が違う ・作り続ける人がいるのは同じ ・それぞれに良さがある	・同じ大根でも地域によって多様であり、それぞれに良さがあることに気づかせる。 ・伝統野菜の良さや価値に目を向けるようにする。	
まとめ 5分	4．本時の学習を振り返る。 ・作っている人がわかる ・とれたてで新鮮 ・それぞれの地域で有名 ・普通の大根とは違い、それぞれに特徴がある。	・それぞれの地域の大根についてお話を聞き、その素晴らしさを確認させる。 ・良いところの共通点を考え、亀岡で生産される聖護院大根の良さを再確認させる。 ◇前時で見つけた良いところを他の地域の大根と比較して考える。	

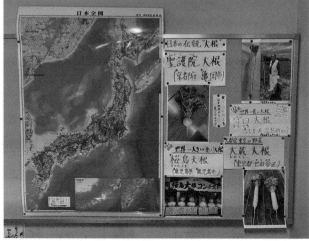  

◀▲担任が作成した掲示。
聖護院大根、桜島大根、守口大根、大蔵大根の写真と、
日本地図で地域を確認。

授業のヒント 🔍

情報提示

整理・分析

表現・発表

振り返り

共有・交流

栄養教諭が他の地域の子どもに語る意味

　地域の伝統野菜・聖護院大根を教材にした、亀岡市の小学校5年生の2時間目の授業です。東京の大蔵大根、岐阜の守口大根、鹿児島の桜島大根のそれぞれの地域の栄養教諭とオンライン（Zoom Meetings）でつなぎました。

　各地の栄養教諭が語る大根にまつわる物語を聞くことで、子どもたちは伝統野菜の良さや価値に気づいていきます。その結果、聖護院大根の魅力に目を向けていくことになります。栄養教諭にとっては、普段、自分の地域の子どもたちに話をしている内容ですので、ハードルはそれほど高くありません。そうした日常的な取り組みが他の地域の子どもたちにとっては大きな意味となります。栄養教諭の存在意義を明確にすることもできます。今回の実践は、急遽決定したこともあり、学校給食と接続したり、聖護院大根の調理実習を行ったりする「食べる」

体験活動を計画していませんでした。それでも3人の栄養教諭が語る「ヒト、モノ、コト」に触れた子どもたちは、聖護院大根を身近にぐっと引き寄せていきました。一方で、栄養教諭にとってもそれぞれの地域の子どもたちに語る言葉を検討したり、教材研究をしたりする絶好の機会となりました。例えば、守口大根は発祥といわれる大阪府守口市では現在ほとんど作られておらず、岐阜県の南部で栽培されていることを発見しました。

　藤本が進めている、ICTを活用した栄養教諭のプラットフォームによる食育実践の成果が顕著に表れた事例です。授業はこの後、同校に桜島大根が届いて、調理実習をすることができました。食を教材としたオンラインによる交流学習は、食体験という直接体験を重ねることにより、その価値が最大化するといえるでしょう。

ICTと食体験のハイブリッド

　ICTの価値を最大化するためにハイブリッドを取り入れましょう。オンラインによる学習を通して、子どもたちは離れた地域の産物や生産者の姿、食にまつわる物語を学習することができます。その際に食の体験と重ね合わせること、つまりハイブリッドを実現することが大きなポイントです。例えば給食の時間に動画を流すと

いうことは、給食という直接体験と動画というICTを重ね合わせているハイブリッドです。今回の事例も鹿児島から届いた桜島大根を食べるという活動につなげています。むしろ、計画段階にはなくても、関心をもったら「食べてみたい！」となる自然な流れであり、真のカリキュラム・マネジメントが発揮されたといえます。

東京都狛江市立
和泉小学校・実践例

担任教諭(T1)／栄養教諭(T2)

ろすのんを笑顔にするためのアイデアを出し合おう

～持続可能な社会のためにできることを考えよう～

> 身近な学校給食がSDGs（持続可能な開発目標）の取り組みにどのように関連しているか、栄養教諭がパワーポイントで説明します。ろすのんを笑顔にするためのアイデアをタブレット端末にまとめ、発信していきます。

》 授業のポイント

　給食とSDGsの関連について聞くと、「食べ残しは食品ロスにつながるから、残さず食べる」と答える児童がほとんどです。そこで栄養教諭がどのようなことを考えて給食を作っているか、説明した後にSDGsの17の目標とのつながりを考えさせます。また新型コロナウイルス感染症拡大時の給食業者の取り組みについても触れます。その後、ろすのん（食品ロス削減国民運動ロゴマーク）を笑顔にするためのアイデアを考え、タブレット端末にまとめます。

》 本時の目標

・身近な給食がSDGsにどのように取り組んでいるかを知り、食品ロスを少しでも減らすために、どのようなことができるのかアイデアを出し合っている。

》 食育の視点　　【感謝の心】

・生産・流通・消費など、食に関わる人びとの活動を知り、感謝の気持ちや食べ物を大切にするという意識をもつ。

》 指導計画　　（全18時間・本時3時間目）

1時間目：SDGsの17の目標を知る。　　2時間目：身近なSDGsについて考え、興味関心を高める。
3時間目：身近な給食とSDGsの取り組みについて、栄養教諭の話を聞く。
4時間目：企業の方からSDGsの取り組みについて話を聞く。
5時間目：Post itアプリやXチャートを活用し、グループで課題を整理し調べる内容を決める。
6～9時間目:グループ内で役割分担をし、調べ学習に取り組む。10～12時間目：発表用のスライドを作成。
13～14時間目：グループ内で推敲する。常に進行状況を把握できるよう、同じファイルを使う。
15時間目：発表練習を行う。　　16時間目：よりよい伝え方や学年に適した発表の仕方を考える。

17時間目：調べた内容や、自分たちにできることを具体的に下級生に発表する。
18時間目：学習活動を振り返る。

》授業の流れ

1　食品ロスというと何を思いつくか、知っていることを発表する。

（1）ろすのんのシンボルマークを提示する。

「顔みたい」「泣いている」「日本の国旗みたい」

（2）東京ドームのイラストで、1年間で約5杯分の食品ロスがあることを提示する。

「まだ食べられるのに捨てられる食べ物」「もったいない」「給食を残している」

2　給食が作られ、残菜が処理されるまでの様子をパワーポイントで見る。

○映像を見る前に、給食がSDGsのどこにつながりがあるか想像させ、関心を高める。

（1）印象に残った場面を発表する。

「量が多くて大変そう」「献立によって残菜の量が違う」「残菜がもったいない」

（2）残菜が多くてもったいないという発言から、残菜を何か利用できないか考える。

「肥料にできる」「豚などのエサにならないかな？」「エネルギーに変える」

○以前は肥料、飼料にしていたが、現在は行われていないことを伝える。

（3）給食とSDGsの17の目標のつながりを再度考える。※数字は目標の項目番号。

○正解は一つではないことを伝え、班で考えをまとめ発表させる。

「献立作成→2，3」「衛生管理→3，6，11」「地場産物→7，9，11，12」
「食育授業→4」「残菜を減らす工夫→2，3，14，15，7，12」　　等

3　新型コロナウイルス感染症拡大による、休校時の給食業者の様子を知る。

「たくさんの食材が廃棄されて驚いた」「新しい商品を考え出していてすごい」

4　学習を振り返り、ろすのんを笑顔にするためのアイデアをタブレット端末にまとめる。

○本時が今後の生活に役立つかを問い、学びを深める。

》授業の板書

》応用できます！

・「わたしたちにできること」の学習で、調べた内容や自分たちにできることをいろいろな
　方法で他学年に伝える。【6年生・国語科】

主な学習活動	・指導上の留意点　◎評価	資料等
1．ろすのんのシンボルマークを見て何を表しているのか考え、発表する。 　・顔みたい　・泣いている	・赤い丸、下の二本線、右目の形の意味を考えさせ、ろすのんの命名の意味へつなげる。（T2）	○「ろすのん」のマーク
2．食品ロスというと何を思いつくか発表する。 　・まだ食べられるのに捨てられる食べ物　・もったいない	・食育だよりで以前、食品ロスについて取り上げたことを思い出させ、東京ドームのイラストから1年間の食品ロスの量を知らせる。（T2）	○東京ドームのイラスト
ろすのんを笑顔にするためのアイデアを出し合おう		
3．給食がSDGsのどこにつながりがあるか想像する。	・栄養教諭が給食を作るときに考えていることを10書き出し、どんなSDGsとのつながりがあるかを想像させる。（T2）	○SDGsの17の目標 ○栄養教諭の10の思い
4．給食が作られ、残菜が処理されるまでの様子を見て、一番印象に残った場面を発表する。 　・量が多くて大変そう 　・残菜が多くてもったいない	・パワーポイントで給食作り、洗浄作業、残菜処理の様子を説明する。（T2） ・一番印象に残ったところを発表させる。（T1） ・残菜が少ない日でも、1人約20g（大きめのミニトマト1個分くらいの量）残していることを説明する。（T2）	○パワーポイント ○テレビ
5．残菜を何かに利用できないか考える。 ・肥料にする　　・エサにする ・燃料にする	・児童の意見に共感する。（T1） ・昔はエサや肥料にしていたが、今はやっていない。その理由も考えさせる。（T2） 　給食を作るときに考える10ポイント	
6．映像や話から、給食とSDGsの17の目標のつながりを再度考える。	・献立作成　　　・フードマイレージ ・衛生管理　　　・安全な食べ物 ・食育授業　　　・生産者との連携 ・残菜を減らす工夫　・災害備蓄食品 ・地場産物　　　・省エネ調理設備	
7．休校時の給食業者の様子を知る。	・たくさんの食材を廃棄しなければならなかった事実や再利用というアイデアについて説明する。（T2）	
8．本時で学習したことを振り返る。	・今日の学習が今後に役立つか問い、学びを深める。（T2）	▲SDGsの17の目標
9．ろすのんを笑顔にするためのアイデアをタブレットにまとめる。	◎ろすのんを笑顔にするために、今後どのように行動したらよいか、アイデアを出すことができたか（主体的に学習に取り組む態度）	○タブレット

授業のヒント

SDGsを自分ごとにするために必要なこと

ICT活用の方向性として「教師が使う」から「児童生徒が使う」に移っていくことが挙げられます。授業の中で児童生徒が深い学びを実現するためにICTの良さを生かして活用できるように支援していくことが必要です。そのためには本事例のように、ろすのんを笑顔にするためのアイデアをタブレット端末にまとめたり、パワーポイントを使い発表用のスライドを作ったりする場面を積極的に取り入れることが必要です。使っていく中で良さを実感でき、まさに文房具のように使いこなしていくことにつながります。

本事例のように、SDGsを自分ごとにするには食、さらにいえば学校給食がカギになります。SDGsを実現する教育実践において気をつけることは二つ。一つは短時間で性急に答えを求めないことです。総合的な学習の時間を通して、時間をかけて身近な事象にSDGsと自分の日常生活の接点を見つけていく学習過程が必要です。同じように教科等横断的な指導を構成することもポイントです。自分ごととしてSDGsを捉えるためにはそれに見合う時間が必要になることを心得ないといけません。

二つ目は、とかくSDGsのために何ができるか問い掛ける事例が目立ちますが、それは資質・能力育成に逆行します。SDGsを通して環境や社会を見つめ直していく主体的で対話的な学びが必要です。従って本事例のように、給食が作られ、残菜が処理されるまでの様子、そして残菜をどのように利用できるのかを考える、具体的な学習を通してSDGsに届いていくという授業の展開を考えることが必要です。給食と17の目標のつながりを整理していく取り組みは、今後の給食を教材としたSDGsに関する実践の、大きな方向性を示しています。

ひとくちレッスン 大量の資料が保存できるICTの強み

ICT活用の強みは、資料を収納する倉庫の大きさと取り出しやすさです。食育では、おやつのよい選び方を考える、バランスのよい食事を作る、旬の食材を生かしたみそ汁を工夫するなど、資料や情報を基に検討する学習活動がよくあります。その際過年度の作品や学習成果を、児童生徒が倉庫から取り出すことができれば、デジタルは強力な手立てとなります。資料を取捨選択することで主体的・対話的な学びも成立します。デジタルを生かせば大量の資料を保存する紙ファイルも段ボール箱もそれを取り出す時間も少なくて済みます。それは、教師の業務改善と同じ意味を児童生徒の学習にもたらし、結果として授業の質の深さにつながっていきます。

兵庫県市川町立
甘地小学校・実践例

担任教諭

プロジェクトDTS
〜大豆と ともに さあいこう〜

　豊富な栄養素、さまざまな加工品、発酵や醸造などの過程、伝統行事と深い結びつきなどの良さを基に、新しい大豆の活用方法や大豆を通して未来について考えます。また、大豆がもっている文化的、歴史的、地理的な側面を捉えさせることで、多面的な考えを身につけることにもつなげることができます。

≫ 授業のポイント

　大豆についてウェビング（キーワードをつなげる手法）を用い、児童の興味・関心が取り入れられた学習から始めます。調べたことや体験した活動をまとめ、共有することで、大豆への興味や活動への意欲を高めます。これらの活動から得た情報を分類したり分析したりして、気づかなかった大豆の良さを明らかにします。最後に、明らかになったことを基に、大豆のオリジナル加工品や活用方法などを考え、発表するプロジェクトに取り組みます。

≫ 本時の目標

・収集した大豆の良さや社会的な側面などを整理、分析し、これからの大豆について考えようとすることができる。

≫ 食育の視点　【食文化／感謝の心】

・大豆を通して日本の伝統的な食文化に興味・関心をもち、食に関わる多くの人びとや自然の恵みに感謝することができる。

≫ 指導計画　（全24時間・本時16時間目）

第1次：大豆栽培、課題の設定（4時間）
第2次：「大豆の良さって何だ？」…大豆の良さの検討・豆腐やみそづくり体験（9時間）
第3次：「大豆の良さはこれだ！」…大豆の良さの確認（3時間・本時3時間目）
第4次：「大豆とともにさあいこう」…大豆を使った製品の考案・発表（8時間）

》授業の流れ

1 大豆の良さをキーワードでまとめたこれまでを振り返り、今日の課題の確認をする。
「栄養価が高い」「油がとれる」「行事との関わりが深い」など

2 社会的な側面などから考えた、前時までに出てきたキーワードを確認する。
「健康志向が高まっている」「ベジタリアンやビーガンという考え方がある」
「少子高齢化社会になっている」「大豆のほとんどは輸入」など

○各自がこれまでにまとめたプレゼンソフトを提示し、確認しやすくする。

3 ペアでキーワードを整理、分析し、これからの大豆についてアイデアを練る。
（1）アイデアを練る。
「栄養価が高くて、畑の肉といわれている」「肉の代わりにならないかな」「健康志向が高まっていて、ベジタリアンやビーガンという考え方がある」「大豆油のほかの使い方はないかな」「油を使ってアロマキャンドルができそう」「環境に優しい使い方ができそう」

○Google Jamboard（ホワイトボード機能）を使い、画面を共有し、整理、分析し、考えさせる。
○各ペアの様子を見ながら、ユニークな整理、分析をしているペアには、考え方や理由を尋ね、モニターに映して説明させ、多様な考え方を学級で共有する。

（2）アイデアを発表する。

○それぞれの考え方をモニターに映し、操作をさせながら、考えを発表させる。

4 次時の見通しをもつ。

○今日の学習を基に、これからの大豆というものを考える活動に取り組んでいくことを伝える。

》ICTの活用法
※本時で使用したGoogle Jamboardは、2024年12月31日で提供を終了しますが、同じホワイトボード機能は、Google FigJamに移行されています。

①Google Jamboardでアイデアを深めたり共有したりする。

　自分のアイデアをまとめる際とグループで考える際に活用しました。Google Jamboardはクラウドベースなのでリアルタイムで共有ができ、手書きが可能で、付せんを貼ったり、文字や図を差し込んだりできます。第3次「大豆の良さはこれだ！」の活動の際、キーワードを付せんに書かせて、情報を分類し、それを共有させました。

▲ホワイトボード機能でアイデアを共有する。

②Googleドライブに保存し、ファイルを共有する。

　共有のGoogleドライブに、児童が作成したワークシートをスキャンして保存しました。自分たちがまとめたものだけでなく、ほかのペアがまとめたものを閲覧し、活動の際の参考にさせました。

　第2次「大豆の良さって何だ？」では、ペアで書物を用いて、大豆の良さについて調べました。共有ドライブを使えば、それぞれがまとめたものを、誰もが、どのファイル（まとめたもの）でも閲覧できるので、児童は、アイデアを練る時や大豆の良さについて確認する時など随時、活用できました。

③考えをGoogleスライドにまとめ、プレゼンさせる。

　第4次「大豆とともにさあいこう」で、これまで整理、分析してきたものをまとめる際にGoogleスライドを活用しました。画像を用いたり、文字の大きさや色を変えたりする中で、どうすれば、自分の考えがうまく伝わるかについて、意識していました。発表の際には、モニターに映した自分のスライド（表やグラフなど）を指し示し、工夫した発表ができました。

》本時の展開

	学習活動	支援と指導上の留意点（○評価☆食育の視点）
1	大豆の良さをキーワードでまとめたこれまでを振り返り、今日の課題の確認をする。 ・栄養価が高い。 ・油がとれる。	・まとめた情報をいくつかのペアに発表させ、提示し、これまでの学習を想起させる。 ・確認しやすいように、グループごとのプレゼンソフトのデータをこちらで表示しながら、発表させる。
2	社会的な側面などから考えた、前時までに出てきたキーワードを確認する。 ・健康志向が高まっている。 ・ほとんどが輸入。	・大豆の新しい活用方法を考えるために出てきたキーワードを整理、分析することが本時の活動であることを伝え、どのようにするとアイデアが出やすそうか考えさせることで、意欲的に取り組みやすくさせる。
	大豆について分析し、これからの大豆について考えよう。	
3	グループでキーワードを整理、分析し、これからの大豆についてのアイデアを練る。 （1）アイデアを練る。 ・栄養価が高くて畑の肉といわれている。 ・健康志向が高まっていて、ベジタリアンやビーガンという考え方がある。 ・肉の代わりにならないかな。 ・大豆油のほかの使い方はないかな。 ・油を使ってアロマキャンドル。 ・環境に優しい使い方ができそう。	・自分や友達のアイデアについて話したり聞いたりしながら、考えを深めさせるために各自のタブレットPCでグループごとに画面を共有し、進めさせる。（Jamboard） ・各グループの様子を見ながら、ユニークな分類をしているグループには、考え方や理由を尋ね、モニターに映し、説明させ、多様な考え方を学級で共有する。 ・複数のキーワードを合わすことでアイデアが出やすくなることを例示する。 ・キーワードをタブレットPCでまとめる活動にすぐに取りかかれるように、事前に用意しておき、新たなキーワードは入力していく。

タブレットPCを使い、整理、分析し、考えを交流する際には、操作しながら発言する。 （2）アイデアを発表する。	○大豆について分析し、これからの大豆について考えることができる。
4　次時の見通しをもつ。	・本時を振り返り、次時は今日の学習を基にこれからの大豆というものを考える活動に取り組んでいくことを伝える。 ☆大豆の良さに気づき、これからの大豆について考えようとできたか。

授業のヒント

ICT を活用して質の高い学習を実現

　本学習は、探究活動での「整理・分析」の段階に当たり、大豆の良さや社会的な側面などを整理・分析し、これからの大豆について考えようとする学習です。本事例には大きく二つの意味があります。一つ目は、ICTを有効に活用した優れた事例であること、二つ目はICTが一層の価値を発揮できる「総合的な学習の時間」としての質の高い学習の意義です。

　「Google Jamboard（現在はGoogle FigJamに機能を移行）でアイデアを深めたり共有したりする」「Googleドライブに保存し、ファイルを共有する」「考えをGoogleスライドにまとめ、プレゼンさせる」の3つの側面からのICT活用が、児童の学習を主体的・対話的で深い学びへと導いています。

　その際に、「リアルタイムで共有ができるGoogle Jamboard」「アイデアを出すときや良さについて確認するなど、随時活用できる共有ドライブの利便性」「自分の考えをうまく伝える工夫を引き出すことができるGoogleスライド」といった、それぞれのアプリケーションの強みを意識して、学習活動に取り入れている点がポイントです。

　二つ目の意義である、総合的な学習の時間としては、ウェビングの分析方法を用い、児童の興味・関心が取り入れられた学習から始めたり、豆腐やみそ作り体験を取り入れたりしている点です。ICTの活用は、授業を構想し実践する教師の力量が前提にあることを本事例でも確認できます。

　授業者が指導案の趣旨に書いている「大豆について学ぶことは、それ自体について知ることができるだけでなく、大豆がもっている文化的、歴史的、地理的などの側面を捉えさせることで、多面的な考え方を身につけることにもつなげられる」を、以上の二つの意義から実現されたことは間違いありません。

中学2年生　学級活動（2）

熊本県熊本市立中学校・
実践例

担任教諭（T1）／栄養教諭（T2）

免疫力アップのための食事について考えよう

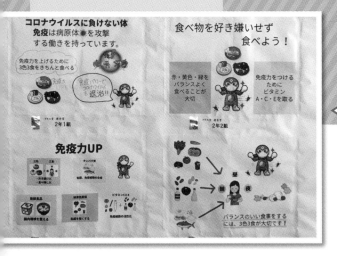

> 免疫力を高める食事について栄養教諭が説明した後、生徒がタブレット端末を使い、免疫力アップ献立をPRするポスターを作成します。ポスター作成を通して、今後の食生活の目標について考えます。

》 授業のポイント

　新型コロナウイルス感染拡大という情勢に対応し、当初のテーマを変更して、学年の食に関する目標を到達できるような内容で「免疫力を高める食事について考えよう」という題材を設定しました。免疫力アップのための食事のポイントについて、食べ物カードを黒板に貼りながら説明し、その後生徒は、タブレット端末を使って免疫力アップ献立のPRポスターを作成します。免疫力を高めることは、日常の食生活による健康づくりが深く関係していることを理解し、自分の食生活で実践しようとしているかをポイントに評価します。

》 本時の目標

・感染症予防、特に免疫力を高めることは、日常の食生活による健康づくりが深く関係していることを理解し、自分の食生活で実践しようとする自律心を育てる。

》 食育の視点　【心身の健康】

・自分の食生活を見つめ直して、主体的によりよい食習慣を形成しようと努力する態度を養う。

》 授業の流れ　（全1時間）

1　本時の学習内容を確認し、課題をつかむ。
2　本時のめあて「免疫力アップのための食事について考えよう」を知る。
3　免疫力アップのための食事のポイントを知る。
（1）免疫力アップのための食事のポイントを説明する。（T2）

（2）食べ物カード（絵カード）を黒板に貼る。（Ｔ１）

○生徒に考えさせるような発問をしながら、説明を進める。

4 免疫力アップ献立のPRポスターを作る。

（1）PRポスター制作の手順を指示する。（Ｔ１）

○ポスターはコンクール形式で評価することを伝える。

　※ロイロノートのログインに５分、制作活動に15分（作成開始８分後に生徒同士のアドバイスタイム）使う。

○栄養教諭は、ロイロノートの資料箱（画像データなどを入れるフォルダのような役割）に、ポスターのサンプルカードとイラストのデータを入れておき、生徒の制作を支援する。

（2）隣同士で自分の作品を見せ、①いい所を褒め合い、②アドバイスをする。

5 各自のポスターを提出させ、電子黒板でポスターを紹介する。

　※ポスターの提出に３分、紹介に３分使う。

○ポスターを紹介しながら、望ましい食生活のためのポイントを押さえていく。

6 今後（給食の時間や夏休み期間を含む）の食生活の目標を書く。

（1）今後の目標をワークシートに書かせる（時間があれば発表させる）。（Ｔ１）

（2）書き方がわからない生徒の支援をする。（Ｔ２）

○免疫力を高めることは、日常の食生活による健康づくりが深く関係していることを理解し、自分の食生活で実践しようとしているか、評価する。

7 本時を振り返る。

（1）これからの食生活（夏休み）や給食の時間における実践につながるようにする。（Ｔ１）

（2）今後の食生活についてのアドバイスを述べ、２学期からの免疫力アップ献立への期待をもたせる。（Ｔ２）

》 授業の板書計画

めあて　免疫力アップのための食事について考えよう		
ポイント ①３色３食（絵カードを貼る） ②タンパク質（絵カードを貼る） ③発酵食品（絵カードを貼る） ④ビタミンＡ（絵カードを貼る） ⑤ビタミンC,E　（絵カードを貼る）	活動 ①ログイン ②「食育」に入る ③制作（15分） 　途中でアドバイスタイム ④提出	これからの食生活の目標

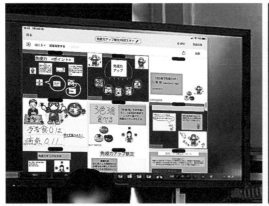
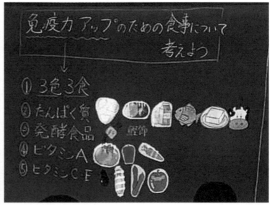

≫ 本時の展開

時間 (累計分)	主な学習活動	T1:担任 T2:栄養教諭	留意点
導入 3分 (3)	1　本時の学習内容を確認し、課題をつかむ。	T1（本日の学活の概要・日常の食生活の振り返り、新しい学校生活様式の確認	
1分 (4)	2　本時のめあてを知る。	T1:★めあてを板書	準備物：電子黒板、タブレット、ワークシート
		免疫力アップのための食事について考えよう	
展開 5分 (9)	3　免疫力アップのための食事のポイントを知る。	T2　免疫力アップのための食事のポイントを説明する。 T1　食べ物カードを黒板に貼る。	生徒に考えさせるような発問をしながら、説明を進める。
20分 (29)	4　免疫力アップ献立のPRポスターを作る。 ※ロイロログインに5分、制作活動15分（作成開始8分後に生徒同士のアドバイスタイム）	T1:PRポスター制作の手順を指示する。 ※ポスターはコンクール形式で評価することを伝える。 アドバイスタイム 隣同士で自分の作品を見せ、①いい所をほめ合い②アドバイスをする。 （T2：ログインの支援）	T2は、ポスターのサンプルカードとイラストは資料箱に入れておく。
6分 (35)	5　各自のポスターを提出させ、ポスターを紹介する。 ※提出に3分、紹介に3分	T1：提出箱に提出させる。ポスターを紹介しながら、望ましい食生活のためのポイントを押さえていく。	
10分 (45)	6　今後（給食の時間や夏休み期間を含む）の食生活の目標を書く。	T1：今後の目標をワークシートに書かせる。（時間があれば、発表者を選び発表させる。）	評価の視点： ①自分の振り返り②今日の学び③目標が書かれているか

	T2：書き方がわからない生徒の支援 （今日学んだことの感想とこれからの 決意）	
	評価：免疫力を高めることは、日常の食生活による健康づくりが深く関係していることを理解し、自分の食生活で実践しようとしているか。	
まとめ 5分 （50）	7　本時をふりかえる。 ※ロイロログアウト	T1：これからの食生活（夏休み）や給食の時間における実践につながるよう、今日の振り返りをする。 T2：今後の食生活についてのアドバイスと2学期からの免疫力アップ献立への期待をもたせる。	

授業のヒント

「対話的な学び」を取り入れた、ポスター作り

　コロナ状況下の2021年度、文部科学省が打ち出したGIGAスクール構想は当時、大きな話題となりました。1人1台の端末と高速通信環境の整備をベースとして「個別最適化され、創造性を育む教育」を実現させる重要な施策です。

　そんな中、2021年度に実施された本実践は、そうした要請に応える先進的な取り組みとなりました。さらに新型コロナウイルス感染拡大という情勢の変化に対応して、当初のテーマを変更するというカリキュラム・マネジメントを基に、授業に取り組まれています。簡単そうで難しいことで、これまで栄養教諭が培ってきた同僚性が確認できます。

　本時で生徒は、タブレット端末を活用して、ロイロノートの資料箱に入っている画像データを使い、免疫力アップ献立のPRポスターを作成しています。本時は美術ではなく学級活動の授業ですから、

ゼロからポスターを作る必要はないのです。材料をデータで用意できるICTの強みが生きています。また作成する際は、「対話的な学び」を実現させるために、生徒同士が対話をする「アドバイスタイム」の時間を設けています。

　そして授業の終末5分間で本時を振り返る時間を明確に設定しています。こうした授業デザインは、これからの夏休みの食生活や給食の時間における実践につながる役割を果たしています。

　作成したポスターを食育だよりや給食の時間の電子黒板の映写資料、食育掲示板などに活用し、学校全体への啓発資料として活用したそうですが、学んだことの意味を見いだす環境構成も大いに学ぶべきです。

　いずれもICT活用の授業を構想・実践するための、これまでと何ら変わらない、授業づくりの勘所があります。

熊本県熊本市立
西原中学校・実践例
にしばる

担任教諭／栄養教諭

私たちが住む熊本
～地域でできるSDGs～

　前年度12月から沖縄県・石川県・熊本県各校３名の栄養教諭が同じ伝統野菜について情報交換し、「旬を迎える７月に交流会を計画しよう」と、プロジェクトが始まりました。本校では、栄養教諭が水前寺菜を教材とした探求学習のスケジュール案を示し、３年生のSDGsの学習に組み込んでもらうことにしました。栄養教諭の案を基に、学年主任と総合担当を中心にカリキュラムを再構成し、実践に結びつけました。

出番待ちの３年生　発表中　沖縄県・伊良部島小４年
○川県・安宅小５年生　西原中　各教室

》授業のポイント

　沖縄県、石川県、熊本県では、同じ伝統野菜・スイゼンジナ（キク科・葉物野菜）を「ハンダマ」「金時草」「水前寺菜」というそれぞれの呼び名で親しんでいます。本校３年生（６学級・217名）は、総合的な学習の時間の中で、伝統野菜である水前寺菜をSDGsと関連させながら、探求学習を進めてきました。交流会では、沖縄県・伊良部島小学校４年生と石川県・安宅小学校５年生とをオンラインでつなぎ、それぞれの地域の良さを紹介しながら、調べまとめたスイゼンジナについて、発表しました（発表の様子は92-95pにも掲載）。
きんじそう
あたか

》本時の目標

・熊本県の伝統野菜である水前寺菜を通して、良さを伝えるための取り組みや工夫について、石川県、沖縄県の小学生に紹介する。
・他県の発表を聞くことで、同じ食材から共通点や相違点を見つけ、さらに学びを深める。

》食育の視点　【食文化】

・地域の伝統野菜は、その地域の人たちが食べて継承していくことが大切であり、食べ物が育つ環境や地域の食文化を大切にするには何が必要であるかを考えることができるようにする。また先人によって培われてきた環境と多様な食文化を尊重しようとする態度を養う。

》授業の流れ

１　各学校　地域紹介・学校紹介（５分ずつ）
２　各学校発表

（1）西原中学校３年生の発表

○総合学習の過程において、情報の収集から整理・分析に移る際、総合担当と学年主任で、４つのまとめ・表現の方法別でグループを分けた。表現方法は次の４つである。

①プレゼンテーション発表班→調べ学習をスライドで発表

②PR動画班→動画を作成し、給食の時間に放送

③POP作成班→POP広告・キャラクターを作成し、地域の店舗に掲示

④献立考案班→水前寺菜を使った給食献立を立てる

本時の交流会では、事前のグループ発表会の最優秀班が発表を担当した。

（2）安宅小学校５年生の発表

パワーポイントでスライド発表。

（3）伊良部島小学校４年生の発表

画用紙を使って、ハンダマの栽培や料理を通した地域交流の様子を発表。

3　質問交流タイム

4　まとめ・閉会

5　発表会の振り返り（発表の仕方や聞く姿勢などの反省）

》素案

令和４年度　沖縄県・石川県・熊本県連携　水前寺菜プロジェクト案

2022.3.9（3.18 追記あり）
西原中学校　栄養教諭　松岡珠美

水前寺菜とは
地域によって様々な名前で呼ばれている野菜である。熊本県ではスイゼンジナ（水前寺菜）、石川県ではキンジソウ（金時草）、愛知県ではシキブソウ（式部草）、沖縄県ではハンダマと呼ばれている。熊本で栽培された水前寺菜が江戸時代に金沢に伝わり、加賀野菜の金時草として全国に知られるようになった標準和名を「スイゼンジナ」としている。東南アジア原産。タイ北部や中国南部が原産地ではないといわれている。表は深緑色だが、裏側は鮮やかな赤紫色。葉と柔らかい茎の先端部を摘んで食用にする。食材としての旬は 6 - 11 月。（引用：Wikipedia）

水前寺菜　学びたくなる！　子どもの興味がわくわくポイント
「総合で扱ったら面白そう！」

知りたい！
・熊本市の伝統野菜「ひご野菜」として登録されている。なぜ？
・消費量が少ないため、私たちが食べつないでいかなければ消滅する種ではないか。
発信したい！
・熊本の名前が付いているのに、ブランド化は石川県が一枚上手。東京でも「金時草」加賀野菜として料理に出されているのだそう。熊本からも発信したい！
・それぞれの土地の料理での活用法は？
・東南アジアが原産だが、伝播経路は？
食べたい！
・学んだことを学校給食で食べられる。総合の時間などに調べたことを動画等にして給食の時間の学びとして活用可能。（6、7月、西原調理場で使えるように、市教委、市給食会、青果物組合に手配済み。同じ給食を食べる嶋山中ともコラボできないかなぁ）
聞いてみたい！
・生産者さんと授業でオンラインインタビュー（計画中。青果組合から熊本大同青果に依頼。大同青果の加藤さんが担当していただき、御船町水前寺菜生産組合の德永さんが全面協力。4月中に松岡が現地視察）
伝えたい！
・沖縄県、石川県と教室をオンラインでつないで、水前寺菜の魅力発表会。
（沖縄県宮古島市伊良部島小学校、石川県小松市安宅小学校の栄養教諭の先生と計画中。もしも時間的に無理な場合は栄養教諭の先生だけでも参加していただきたい。追記…安宅小は５年生総合にほぼ決定。）

この素案を基に、３年部職員と各関係機関と連携して単元計画を作成した。

西原中学校での水前寺菜　学習計画
・３年生総合　8～10時間扱い（計画）

こんな感じで進められたら・・・　松岡イメージ

時期	時	内容	方法等
5月	1	熊本市民なのに知らなかった水前寺菜「なぜ私たちは知らなかったの？」こんなことを知りたくなったよ	
	1	水前寺菜農家さんへのインタビューの質問を考えよう	
	1	水前寺農家さんにインタビューしよう	水前寺菜農家さんと zoom
6月	1	調べたことから水前寺菜PRCMを作ろう（30秒動画作成）終わらなかったら家庭学習の課題	松岡に提出松岡最終確認
6月（確定）	給食	給食で水前寺菜を味わおう①※給食で使った水前寺菜から挿し木をして特別支援教室（もしくは技術科）で栽培できないか？	水前寺菜PRCMを給食の時間に全校で視聴
	1	「スイゼンジナ」のPR発表会の準備をしよう①※どのような献立だったのか、食べてどうだったか、味や色の魅力を記憶の新しいうちに振り返り、まとめさせたい。できれば給食を食べた直後に総合を当てたい。給食献立実施で調整を行う	最後20分を農家さんと zoom でつなげる
	1	「スイゼンジナ」のPR発表会の準備をしよう②（家庭学習の課題として発表内容を練り上げ。担当職員で確認）	
7月くらい？	1	3県共通の伝統野菜「スイゼンジナ」のPR発表会（相手先が小学校のため、5時間目が妥当かも。本校5時間目 13：35～14：25の内、13：50～が案）	沖縄県宮古島市伊良部島小学校、石川県小松市安宅小学校と zoom
	1	発表会の振り返り	
7月（確定）	給食	給食で水前寺菜を味わおう②	給食の時間に発表会の様子動画を全校で視聴

	熊本市立西原中 3年生	石川県安宅小 5年生	沖縄県伊良部島小 4年生
教科等	総合的な学習の時間		
3県交流会 までの学習	・SDGs について調べて発表 ・水前寺菜について調べる ・インターネットでわからなかった 　ことを生産者にインタビュー ・コース別まとめ活動（PR動画、献 　立開発、POP作成、発表） ・特別支援学級で水前寺菜を栽培開 　始	・金時草について 　栄養教諭に聞 　く 　（学年集会） ・育ち方について 　調べる ・食べ方について 　調べる	6/21 ・地域の方が来校し 　ハンダマの植え付 　け、ハンダマ料理 　を味わう活動 ・地産地消について 　栄養教諭から聞く 植え付けと料理の感想 を画用紙にまとめる
水前寺菜を 味わう	6/21　給食であえ物 7/13　給食でペペロンチーノ 9月　生徒考案の献立（2献立）、 　　　石川県・沖縄県の郷土料理と 　　　水前寺菜献立	7/5　給食でサラダ	5/18　給食であえ物 6/7　給食で汁物 6/21 総合の時間（地 　　　域の料理） 7/5　給食であえ物 9月　西原中生徒考 　　　案の献立
7/5 交流会発表 内容	メイン発表校 水前寺菜について	サブ発表校 金時草について	サブ発表校 ハンダマについて
探求学習※1 の過程	④まとめ・表現	②情報の収集	
発表会から 予想される 子どもたち の反応	「他県でも食べられている伝統野 菜を熊本でも大切な食文化として 未来につなげていきたい」 「3地域とも水がきれいで、自然豊 かだというところが共通している」	「中学生の発表を聞いて、スイゼンジナは SDGs（環境）と関係があるということが わかった」 「スイゼンジナについての学習はおもし ろそう。もっと自分たちの地域の金時草、 ハンダマを調べてみたい」	
交流会をそ の後の学習 にどう生か すか	SDGsの視点として、地域の伝統野菜 を取り上げることで、希少種である地 域の伝統野菜に注目し、実物を見たり 食べたりするという体験を通して、学 習と生活をつなげたい。また、個人で 調べる地域のSDGsに意欲的に取り 組ませ、食文化を継承することの大切 さに気づかせたい。	金時草が育まれ る環境をどのよ うに守っていけ ばよいのかにつ いて深める （SDGs）。	事前の調べ学習はせ ず、交流会で西原中、 安宅小から得た情報 について、栽培活動の 中で深めていく。

※1　探求学習の過程　①課題の設定　②情報の収集　③整理・分析　④まとめ・表現

[栄養教諭が行った主なコーディネート内容]

・石川県安宅小学校、沖縄県伊良部島小学校の栄養教諭との連絡調整。

・水前寺菜を学校給食の食材として扱えるよう、市教委と市給食会に前年度から連絡。

・生産者のインタビューのため、市給食会から青果物組合、地元の卸業者から生産者
　につないでもらい、事前に現地視察。

・地元のスーパーマーケットで生徒作成POPを掲示してもらえるか連絡調整。

・栽培活動を行うため、特別支援学級担任と自立活動に使用する学級菜園の調整。

授業のヒント

伝統野菜を教材にした SDGs の学習

伝統野菜を介し、中学校と２つの小学校をオンラインでつないで実施した、交流学習の事例です。伝統野菜のスイゼンジナは、インドネシアが原産で、日本には18世紀ごろ、中国から伝来したとされています。

熊本県では「水前寺菜」、石川県では「金時草」、沖縄県では「ハンダマ」と呼ばれ、地域によって呼び名や住む人との関わりが異なることに着眼し、交流学習に結びつけました。

そして西原中学校が総合的な学習の時間でSDGsを取り上げ、カリキュラムに食、かつ地域に根差した伝統野菜を教材化することによって骨太でしっかりとした深い学びになっています。栄養教諭の提案を受け入れ、水前寺菜を授業に持ち込まれた先生方の姿勢に敬意を表したいと思います。

現に『「持続可能な開発のための教育：SDGs実現に向けて（ESD for 2030）」について～第74回国連総会における決議採択～』（文部科学省）においてもSDGsを単なるトピックとして取り上げることに警鐘を鳴らしています。つまり、調べただけ、クリーン作戦だけにならないように地域へ眼差しを向ける重要性に

ついての言及です。地域の食の教材の価値が明確になっています。

本時のオンライン交流会では、中学校の生徒にとって、小学生が対象となることで相手意識が明確になりました。小学校の児童にとっても、中学生からの問い掛けは、自分たちの地域の金時草やハンダマへの見方を変えてくれました。

今回の取り組みを私たちはトライアングル交流と呼んでいます。本時が今後ICTを活用したあるべき方向であるとは考えていませんが、こうした実践を支える条件がICTの整備によって整ったと考えてほしいと思います。

それぞれの地域においての個性的で個別的な実践、まさに個別最適な学びと協働的な学びを教師が実践するという方向で、考えていただけたらと思います。

3県共通の伝統野菜を題材に、オンラインで交流会！

◎写真と文：松岡珠美
（熊本市立西原中学校・栄養教諭）

[写真提供／協力：小松市立安宅小学校　壽時尚子栄養教諭、宮古島市立伊良部島小学校　宜保律子栄養教諭（共に実践当時在籍）]

　2022年7月5日、沖縄県、石川県、熊本県の3校をオンラインでつないで伝統野菜・水前寺菜に関する発表をする、交流会を行いました。本校・熊本市立西原中学校では、栄養教諭からの提案を総合的な学習の時間に組み込んでくれた、3年部職員の見事なチームワークで各教室を結びます。水前寺菜は、石川県では「金時草」、沖縄県では「ハンダマ」という呼び名で親しまれているキク科の多年草で、葉の裏が紫色なのが特徴です。3県が交流する題材として活用することで、発展的なプロジェクトになりました。ゲストには、本プロジェクトのきっかけとなった藤本勇二先生にも入っていただき、最後にまとめをいただきました。

交流会は、西原中学校の各教室と発表会場、伊良部島小学校、安宅小学校等をZoom Meetingsでつないで行った。

安宅小学校5年生は、プレゼンテーションソフトを使い、石川県の地図を示しながら気候風土や、九谷焼、こども歌舞伎などをテンポ良く紹介。

/ 各校から地域紹介！ \

最初に地域の紹介から。西原中学校3年生は、阿蘇山、熊本城などの熊本県の名所をスクリーンに映し出し、小学生に向けてわかりやすく紹介。

伊良部島小学校4年生は、小中一貫校「結の橋学園」の紹介や、那覇から伊良部島への行き方、美しい海の広がる環境などを画用紙にまとめて紹介。

阿蘇山！

伊良部島・結の橋学園の紹介

「伝統野菜とSDGs」、打ち合わせという名の学び合い

　交流会に先立ち、2022年6月21日に行った3校関係職員による打ち合わせ会では、オンラインの接続確認だけではなく、各学校の学習の進捗状況を報告し、交流会におけるそれぞれの目標や今後の学習にどのようにつなげていくのかを確認しました。本校では環境に優しい栽培をしている水前寺菜を、SDGs（持続可能な開発目標）と関連させながら探究学習を進めていましたが、その中で、職員から「SDGsは未来のゴールのことだけれど、地域を見つめ直すことなんですよね」の一言が。その言葉により、各学校での取り組みの目指すところがより明確になりました。

伝統野菜 水前寺菜
熊本県・西原中学校3年生の発表

◎総合的な学習の時間では表現方法別に4班に分かれて調べ、交流会ではそれぞれの最優秀班が発表した。

プレゼンテーション発表班

水前寺菜はきれいな水で育ち、化学肥料をなるべく使わない環境に配慮した栽培がされていることなど、SDGsに関連させて解説。

> 環境に優しい水前寺菜
> SDGsとの関連を発表

献立考案班

献立考案班は、1食の栄養価やSDGsの関連についても考えて、水前寺菜を使った献立を作成。

POP作成班

水前寺菜をPRするために作成したPOPのポイントを説明する。

ご当地キャラクター「くまモン」に扮して、小学生にわかりやすいクイズを出題するなど、場を盛り上げた。

PR動画班

水前寺菜をPRするため、30秒の動画にまとめて発表。優秀作品は、水前寺菜献立の日に放映した。

> PR動画の優秀作品は
> 給食時間に放送

献立

- 水前寺菜の混ぜご飯
- 水前寺もやしと卵のスープ
- 肥後野菜レンコンと
  　レバーのナッツがらめ
- 牛乳

考案した献立は、実際に給食でも提供した。

> 地域の人たちにも
> 食べてほしい！

作成したPOPは、実際の店舗にも掲示され、地域の人たちにもPRした。

伝統野菜 金時草

石川県・安宅小学校5年生の発表

金時草について発表する5年生代表。ほかの児童は、発表を聞きながらメモを取る。

プレゼンテーションソフトを使って発表!

プレゼンテーションソフトにまとめた内容は、給食の時間にも全校に向けてテレビ放送された。

金時草が育つには気温差が大事、食感や甘みを生かした料理など、総合的な学習の時間に調べたことを発表。

交流会当日に実施された献立「ごはん、牛乳、枝豆シューマイ、金時草の中華和え、麻婆豆腐」。

金時草が育つ環境について考える

金時草は酸を加えると青紫色から赤紫色に発色することなどを栄養教諭が伝え、5年生教室前にも展示した。

伝統野菜 ハンダマ

沖縄県・伊良部島小学校4年生の発表

家の庭に生えているのに名前を知らなかったハンダマのことなど、画用紙で紙芝居風に発表する4年生。

画用紙にまとめたものを発表!

ハンダマを教材として、地域の方との栽培活動やハンダマを使用した料理の紹介を中心とした取り組みを行った。

みんなで育てているハンダマについて、観察した記録なども発表する。

中学生の考案した献立を提供

▲西原中学校の生徒が考案した最優秀献立を伊良部島小学校でも提供、味わうことでも交流できた。

◀交流会当日の献立「野菜そば、牛乳、ハンダマの酢みそあえ、サーターアンダーギー」。

熊本県・西原中学校の取り組み

オンライン交流前

水前寺菜の生産者に
インタビュー

「きれいな水がないと育ちませ
ん」などインターネットでは
調べられない生の声を聞くこ
とができた。

水前寺菜生産者の徳永廣敏さんに来校いただき、
生徒が準備した疑問や質問をインタビューした。

特別支援学級では、栽培活動で学級
園に水前寺菜の挿し芽をした。

交流前の給食では、水前寺
菜の調理方法の可能性を示
すため、洋風のペペロンチー
ノにして提供した。

栄養教諭にアドバイスをもらいなが
ら、献立を作成するグループ。

グループ発表会

オンライン交流会の前に行った、グループ発表会。献
立考案班はSDGsを意識した内容を発表した。

オンライン交流後

10月の「西原文化の日」（文
化発表会）に向け、夏休みに
生徒がまとめた料理の提案。

伝統野菜を
さまざまな料理で
味わう

石川県の味として、「金時草
とれんこんの酢の物」を提供。

生徒が考案したメニュー
「ギョーザの水前寺菜甘
酢あんかけ」を提供。

沖縄県の味として、沖縄県
産黒糖で煮たラフテーと、
「ハンダマと昆布のあえも
の」を提供。

1・2年生に向けて発表

特別支援学級では、家庭で
調理した水前寺菜のおひた
しをレポート形式でまとめ
て、掲示物で発表した。

西原文化の日、水前寺菜を後世に残すためのアイデアを、
1・2年生に向けて発表する3年生。

水前寺菜を収穫する特別支援学級
の生徒たち。新たな活用法として
水前寺菜風呂の実験も行った。

昆布について知ろう

大阪府堺市立
英彰小学校・実践例

担任教諭／栄養教諭

オンラインで外部の人の話を聞き、昔から伝わってきた「食文化」の存在や、自分たちの町・堺と北海道の産物、昆布がつながっていることを認識する機会をつくります。歴史や地元の産業が組み合わさって創り出された食べ物が、堺にあることに気づくことができます。

》授業のポイント

　3年生で「私たちの町 堺」という教材を使い、地域の学習をしています。その時に堺の特産品に触れていますが、昆布の加工品が堺の特産品という認識は高いとはいえませんでした。また、家庭でとろろ昆布を食べたり、昆布を使用してだしをとったりしている家庭はほとんどないようでした。そこで、昆布をテーマに、堺の特産品を知り、堺の特産品が北海道とつながりがあることに発展させ、北海道の昆布漁師さんと北海道の中学校の栄養教諭のお話をオンラインで聞き、壁新聞にまとめる活動をしました。

》本時の目標

・昆布はさまざまな料理に使われ、栄養があることを知る。
・堺の特産品が北海道の昆布漁師さんの協力によってできていることを知る。

》食育の視点　【感謝の心／食文化】

・食べ物を大事にし、食料生産に関わる人々へ感謝する心をもつ。
・各地の産物、食文化や食に関わる歴史などを理解し、尊重する心をもつ。

》指導計画　（☆…朝読書の時間など短時間で指導　△…宿題での学習）

① △予備学習…大阪湾でとれるものを調べる
② ☆昆布紹介　給食で昆布だしをとっている様子の紹介と堺の特産品の紹介
③ 昆布加工業者の郷田商店へ見学→雨天中止となり、オンライン見学
④ ☆加工の様子を見て知りたいと思ったことへ回答
⑤ △昆布について調べ学習

⑥　（オンライン）北海道の昆布漁師・高谷大喜さんと、函館市立椴法華中学校の栄養教諭・棒手優美先生からの話

⑦　まとめ　壁新聞制作

》 授業の流れ

1　昆布の加工業者さんの工場見学をした時のことを振り返り、調べ学習をした内容を思い出す。

2　函館市立椴法華中学校・栄養教諭の棒手先生から昆布料理や栄養、昆布の加工の様子を教えてもらう。

○お話の内容で気になったところを話し合い、代表の児童から質問する。

「北海道って遠いね」「昆布って種類がいっぱいあるんだな」「値段が高いのはどの昆布？」「昆布はどうやって干しているの？」「どの昆布が一番おいしいの？」

○棒手先生の説明により、昆布の良さへの理解を深め、昆布漁師の高谷さんの話へつなげる。

3　昆布漁師の高谷さんに、昆布の採集方法について動画を基にお話を聞く。

○お話の内容で気になったところを話し合い、代表の児童から質問する。

「（動画を見て）切った後の海に落ちた昆布はどうなるの？」「昆布ってどうやって植えるの？」「何年くらいでとれるの？」「あの刃物はいくらぐらい？」

4　栄養教諭から、本日の給食に、北海道から届いた昆布が使われていることを聞く。

＜給食時間＞昆布の入った給食を食べ、聞いた内容を思い出す。

「とろろ昆布、どこに入っているのかな？」「うどんに入れたら、溶けてるやん」

○栄養教諭が、うどんに入っているとろろ昆布も、だしをとった昆布も、北海道から届いたことを伝え、授業で聞いた話を思い出すようにする。

》 授業後のアンケート

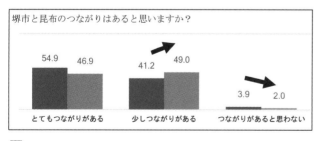

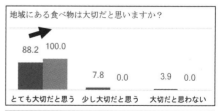

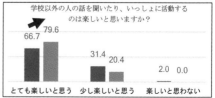

≫ 応用できます!

・水産業の恩恵を受けて、各地で産物ができていることを考えることができる。【5年生・社会科「水産業の盛んな地域」】
・江戸時代の昆布ロードによって、食文化が育まれたことを考える授業につなげることができる。【6年生・社会科「江戸の社会と文化学問」】

≫ 本時の展開

	児童の学習活動 （○棒手優美先生　●高谷大喜さん）	指導上の留意点 △担任　☆司会	準備物
導入 （3分）	児童あいさつ 今日の授業の流れを知る	☆授業の流れを説明。 ☆ゲストの紹介。	タブレット
展開 （13分）	○棒手先生の話を聞く ・北海道では昆布をどのように料理をしているか ・昆布の消費量について	△気になったところはメモをとるように促す。	パワーポイント
（7分）	児童から棒手先生へ、質問や感想を述べ、回答を聞く	☆近くの人と相談してもいい時間を数分与える。 △児童が発表する時には、離れている人にも伝わるように、わかりやすい言葉で、はっきりと伝えるように促す。	パワーポイント
（13分）	昆布の収穫している動画を見る ●高谷さんの話を聞く ・昆布の収穫について ・海の環境について		
（7分）	児童から高谷さんへ、質問や感想を述べ、回答を聞く	☆近くの人と相談してもいい時間を数分与える。 △児童が発表する時には、離れている人にも伝わるように、わかりやすい言葉で、はっきりと伝えるように促す。	
まとめ （2分）	児童全員で、感謝の気持ちを込めて、あいさつをする。	☆今日の給食の「こぶうどん」にも北海道の昆布が入っていることを伝える。	
オンライン終了後	今日の授業の感想を書いて、振り返りをする。数人の児童の意見の発表を聞き、感じたことを共有する。		給食後Forms アンケート

▲4年生2クラスと、北海道・函館とをオンラインでつなぎ、昆布について学ぶ授業。

▲事前に届いた生の昆布は、教室前の廊下に展示。磯の香りが広がり、他学年の児童も興味・関心を寄せた。

▲昆布の収穫の様子を動画で視聴。吊るした昆布を大きなカマで伐採する場面。

授業のヒント

栄養教諭が授業に関わる意義

　栄養教諭の存在意義や専門性を発揮した授業の姿、ICT活用の良さや価値がわかる、栄養教諭・雪本先生のレポートをご紹介します。
○当日の朝、教室の前に展示した生昆布は、磯の香りが隣の校舎まで広がり、他学年の児童も興味を示してくれました。「人がいるのかと思った」「表面がヌルヌルしている」「変なにおいがする」と感想はさまざまでした。45分のオンライン授業では、前半に棒手先生が四季に応じた昆布の料理や、栄養のことを中心に話を進めてくれました。市場には出回りにくい、春の生の昆布はとてもおいしそうでした。また、栄養教諭の視点で撮影した写真は、収穫した昆布の加工の様子がよくわかりました。

　後半の昆布漁師の高谷さんのお話では、昆布を収穫する動画を見せた後、昆布漁の様子を聞かせてもらいました。児童は、船の上で昆布を伐採する音に驚き、「海の中に落ちていく昆布はどうなるの？」と目が釘付けになっていました。

　給食では、すまし汁やうどんのだしをとる以外に、「こぶうどん」「昆布入りおでん」「やみつききゅうり」などで昆布を使用していま

すが、時々しか登場しない「こぶうどん」のとろろ昆布を見て、毎回、「髪の毛が入っている！」と驚く児童がいます。

　校長先生からは、「本物の漁師さんと出会うことや、生の昆布を見ることはめったにないので、探究的で、児童にとってとてもいい学習です」と評価をいただきました。当日の給食は、「こぶうどん」でした。野菜が苦手で、全く食べられないAさんが、クラスの児童の応援もあり、えのきたけやにんじんが入っていたこぶうどんを完食することができました。また、とろろ昆布が入っていることを、じっと見つめて確認しながら食べている児童もいて、オンラインで話していただいたことが、食べる意欲や関心につながっている様子が伺えました。数日後も、野菜が苦手なAさんは、「こぶうどんなら食べられる」と話していました。

◀授業当日の給食で提供した「こぶうどん」。とろろ昆布が入っている。

昆布がつなぐ 海の道

おいしい

軽い

乾燥され〔…〕
腐りに〔…〕

体にもいい
（ミネラル
食物繊維）

保存が効〔…〕

かさばらない

「昆布ロード」をテーマにしたオンラインによる交流学習を通して、それぞれの地域にとっての昆布の価値を見つめ直し、食文化や風土への関心を高める授業です。給食が交流先の場所への実感を引き出してくれます。

》 授業のポイント

　ICTを活用することで遠く離れた地域（北海道 利尻小・沖縄県 阿波連（あはれん）小）との交流を実現し、「昆布」「給食」という共通性が、交流により実感をもたせてくれます。1年生から6年生までの発達段階に応じて学習の教材となる昆布の豊かな教材性も授業のポイントです。

》 食育の視点　　【感謝の心／食文化】

・昆布の生育や収穫、料理等を紹介し合うことで、昆布を通じた北海道と沖縄の結びつきや自分たちの生活とのつながりを理解する。

》 指導計画

事前指導

1：課題　「昆布は、沖縄ではどんなふうに食べられているか」を予想（利尻小）／「昆布は、北海道でどんなふうに育って、どんな道具を使って収穫しているか」を予想（阿波連小）
　　学校紹介のビデオレター（お互いの地域への興味・関心と交流授業への学習意欲を高める）
2：給食　昆布を使ったお互いの郷土料理を実施する。

》 授業の流れ　　（全1時間）

1　それぞれの学校の自己紹介をする。
2　昆布がどのように栽培されているか予想する。栽培・収穫の様子を紹介する。
　（阿波連小）「海に潜ってとる」「ハサミや手で収穫する」「ロープや網で育てる」
　（児童が事前課題で描いた「昆布漁の想像図」を見せる）

（利尻小）昆布がヌルヌルしていることを伝え、沖縄で目にする昆布との違いを確認する。
「船に乗ってメガネで海の中をのぞきながら道具を使って収穫する」（動画で説明）
「漁師さんは午前３時30分に出港します」「利尻昆布は大きくなるまでに２年かかります」

○（阿波連小）布を使って昆布の大きさが実感できるようにする。（利尻小）固くて黒い昆布にするために行う「昆布干し」の手伝いについて、児童から感想を紹介する。

3　昆布をどんなふうに食べているか説明する（阿波連小）。
「市場で見た利尻昆布など５種類の昆布」（1、2年生）
「昆布を使った郷土料理：クーブイリチー・クーブジューシー・うさんみなど」（3、4年生）
「昆布を使った行事食：年越しにソーキ汁を食べる、結び昆布の紹介など」（5、6年生）

○北海道では「だし」として使い、沖縄では、お祝いや行事の時に食べることを伝える。

4　「昆布ロード」を踏まえた献立の説明をする。昆布の大切さを伝える。
・（阿波連小・玉城栄養教諭から利尻小の児童へ）「昆布ロード」を踏まえた献立の話を伝える。
「琉球王国時代から食べられている」「昆布ロード、昆布が沖縄で根付いた理由」
「給食でも、大切な食文化を守り続けるために行事食などで取り入れている」

○旧暦大晦日にはソーキ汁、旧正月にはクーブイリチーを給食に出したこと、スーパーの売り場に陳列されている昆布の写真を通して沖縄県では身近な食材であることを確認する。

・（利尻小・小笠原栄養教諭から阿波連小の児童へ）利尻にとっての昆布の大切さを伝える。
「生産額は、年間８億5269万6,000円であり、利尻の人びとにとって大きな収入源」「現在は養殖昆布の割合が増えている」「乾燥した後は形や大きさをそろえ、検査をして15kgの箱に詰める、検査で合格した物が全国に送られる」

5　学習を振り返る。

○昆布は、沖縄の人にとって料理に欠かせないもの、北海道の人にとっても生活を支える大切なものであることを確認する。

》授業の様子

》応用できます！

・同じ給食を食べ、食材や献立などについてオンラインで交流する。【社会・家庭・総合等】

》本時の展開

沖縄：阿波連小	北海道：利尻小	資料等
1. それぞれの学校の自己紹介をする。（簡単に） 　阿波連小学校の1年生から6年生です。こちらは、気温〇度です。 　利尻小学校の5年生と6年生です。こちらは、気温〇度です。		進行　藤本
2-1.　昆布がどのように栽培されているか予想、その様子を知る。 ・手づかみやハサミを使ってる？ ・素潜り？ ・最新の機械で収穫かな？ ※タブレットで子どもが絵を見せる （収穫に使われる道具の予想を、ホワイトボードを使って利尻小の児童へ伝え、正解を教えてもらう。） ※事前課題で描いた昆布漁の想像図を活用する。 ※昆布の長さを体感する実物を示して、やり取りをする。	2-2.　昆布の栽培、収穫の様子を紹介する。 ※大きくてヌルヌルしていることを確認する。 〈栽培〉 昆布は大きくなるまでに2年かかる。 〈収穫〉 ・天然昆布：海の中の岩場にはりつく昆布をカマ、ねじりという道具（道具アリ）を使って収穫。 ・養殖昆布：昆布を植え付けたロープを海から引き上げる。 〈乾燥〉 ・小石が敷き詰められた場所で干す。	＜利尻小＞ 昆布漁の様子の紹介 ※天然昆布：海に自然と生えているもの 養殖昆布：人の手で育てているもの ※利尻昆布は左記のように収穫。松前町（北海道の一番南）では素潜りでとるなど、地域によって収穫方法に差がある。
3-2.　どんなふうに食べているか説明する。 ・市場で見た昆布の種類と産地（1.2年） ・昆布を使った郷土料理（3.4年）パワポ ・昆布を使った行事食（5.6年）	3-1.　昆布がどのように食べられているかを予想し、その様子を知る。 ・北海道ではあまり食べないけど ・どのように食べているのかを知りたいな	＜阿波連小＞ 昆布料理の説明 PPの画面共有
4-1. 玉城先生から利尻小の児童へ、昆布ロードを踏まえた献立の話を伝える。 ・琉球王国時代から食べられている ・北前船と昆布ロード ・給食でも、大切な食文化を守り続けるため行事食などで取り入れている。	4-2.　小笠原先生から阿波連小の児童へ、利尻にとっての昆布の大切さを伝える。 ・産業としての大切さ⇒昆布の生産金額を伝え、利尻の人びとにとって大きな収入源であることを伝える。 ・乾燥した後は形や大きさをそろえ、検査をしてもらう。検査で合格がもらえたら全国に送られる。	PPの画面共有
5.　学習を振り返る。 　＜思考・判断・表現＞昆布を通じた北海道と沖縄の結びつきや自分たちの生活とのつながりを理解している。 ※授業は、10分オーバーしても可。振り返りの時間で時間調整する。		振り返りのワークシート

《阿波連小・児童のワークシートより》
- こんぶは、かまやフォークみたいのでとるとわかりました。　（1年）
- こんぶのとりかたなどがわかって昆布漁の人がたいへんなんだなとしってよかったです。　（3年）
- 昆布は沖縄県にも育っていると思っていたけど、授業を通して北海道から来ているとわかった。　（6年）

《利尻小・児童のワークシートより》
- 学習前は昆布を大切だとは思わなかったけど、昆布は大切なんだなと思った。　（5年）
- 昆布は北海道とか限定的な所で食べていると思っていたけれど、富山とか鹿児島でも食べているのを聞き、意外と国民が食べる物だと思った。　（6年）
- 今回の交流で昆布だけでなく、食べ物すべての大切さを知ることができた。　（6年）

授業のヒント 🔍

昆布の教材性と学校給食の力

　コロナ禍で多くのモノやコトが失われましたが、手に入れた新しい教育実践の可能性が確かにあります。それを実感できるオンラインによる交流学習です。「本時の展開」は事前の打ち合わせを基に作成した基本のレシピのような位置付けです。当日は、子どもの姿や学習の流れに応じて変えていきました。その記録を「授業の流れ」に示しています。対比すると、授業の熱量が伝わると思います。

　昆布ロードは、北海道と沖縄を結ぶ海の道としてよく知られています。しかし、昆布ロードをテーマに北海道と沖縄の小学生が交流学習を行った事例は私の知る範囲では初めてです。利尻小の子どもたちにとって昆布はだしをとる食材であり、阿波連小の子どもたちから年中行事や毎日の食事に欠かせない昆布のことを教えられることによって、自分の地域を見つめ直すことができました。一方、阿波連小の子どもたちは、昆布がどのように収穫され、沖縄に届けられているかを知ることで、身の回りにある食べ物の当たり前を問い直す機会になりました。

　2つの小学校の子どもたちの学習を支えたのは、昆布の教材性と学校給食の力です。低学年は市場見学での昆布、中学年は郷土料理、高学年は年中行事と歴史のつながりと各学年に応じた展開が可能な、昆布のもつ豊かな教材性が確認できます。また、遠く離れた交流校との距離を縮めるために、給食の肉汁やどさんこ汁が大きな役割を果たしています。

　さらに、ビデオレターなど学校全体を巻き込む栄養教諭の熱意がより豊かな学びにつなげてくれました。お二人とも「初めて挑戦することなのでワクワクしました」と授業後、語ってくださいました。新しい試みに挑むことが「栄養教諭の専門性」であることを教えられました。

ひとくちレッスン　学習者が主体的になる言葉の使い方

　ちょっとした言葉の使い方で、学習者が主体的になります。今回の学習の中で栄養教諭がこう語りました。「昆布がとれない沖縄県でどうして昆布料理がたくさんあるのか、とても不思議だと思って調べました」。何気ない一言ですが、「不思議だと思って調べてみた」に大きな意味があります。専門家ですから、教材について多くを知っており、「実は、〇〇なんです」と言ってしまいがちです。知っている人が知らない人に教え、導く言葉遣いをした途端に、学習者は受け身となります。たとえ知っていても、「不思議だと思って」「面白いなと思って」調べてみました。その言葉で子どもは、教師と一緒に探究を始める「学習の主語」となるのです。

昆布がつなぐ北海道と沖縄県、オンラインで交流授業！

◎文：月刊「学校給食」編集部

[写真提供／協力：利尻富士町立利尻小学校　小笠原有沙栄養教諭、渡嘉敷村立阿波連小学校　玉城恵子栄養教諭（共に実践当時在籍）]

阿波連小学校と3,528km離れた利尻小学校から、雪国の学校生活を伝えるビデオレター。

昆布は海に潜って収穫しているのでは？

阿波連小学校からは、海が身近な南国の学校生活を伝えるビデオレター。

阿波連小の児童が描いた「昆布漁の想像図」。海に潜って収穫する、ハサミで切って収穫するなど、自由な発想で描いた。

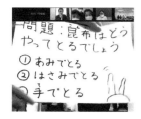

利尻小の児童が、3択クイズ「昆布はどうやってとるでしょう？」を画面を通して出題（この中に正解はなく、動画で解説）。

クイズに答える、阿波連小の児童や藤本勇二氏、玉城恵子先生。阿波連小では、初めて児童のタブレット端末を活用してオンライン授業を行った。

「沖縄は今、雨が降っていて、気温は18℃ぐらいです」。「（北海道は）外の気温はマイナス5℃です。寒くても元気いっぱいです！」。

2022年2月4日、沖縄県の渡嘉敷島から阿波連小学校の全校児童15名、北海道の利尻島から利尻小学校の5、6年生10名が参加する授業は、こんな自己紹介から始まりました。気温差23℃！　日本の南端と北端をオンライン（Zoom Meetings）でつなぎます。

コーディネートするのは、藤本勇二氏。藤本氏が主宰する研究会が縁で、阿波連小・栄養教諭の玉城恵子先生と、利尻小・栄養教諭の小笠原有沙先生が出会い、「昆布がつなぐ海の道」をテーマとした授業が企画されました。「昆布の生育や収穫、料理等を紹介し合うことで、昆布を通じた北海道と沖縄の結びつきや自分たちの生活とのつながりを理解する」ことがねらいです。

この日までに両校は、さまざまな事前学習を重ねてきました。まずお互いのことを知るために、ビデオレターの交換が行われ、大きく異なる地域性や生活を知り、学習意欲を高めます。さらに給食では、利尻昆布を使い、北海道の特産物がたくさん入った「どさんこ汁」と、琉球料理の「ソーキ（肉）汁」のレシピを交換し、それぞれの学校で提供。おたよりや掲示物等でも食文化の違いを学びます。また、昆布に関わりがある教科等と関連させ、下調べを進めます。利尻小では沖縄で昆布がどのように食べられているかを予想し、阿波連小では昆布がどのように育ち収穫されるか、「昆布漁の想像図」を描き想像を膨らませました。

昆布漁で使うカマと「ねじり」を教室でも紹介。

昆布(仮)→

海の中の昆布をどうやって収穫するのか、ビニールテープを使って解説する動画。

昆布漁師である児童のお父さんが出演。「ねじり」と呼ぶ道具を使って昆布を巻き付け、引っこ抜く方法を実演した。

長くてヌルヌルしています!

小笠原先生が生の昆布の長さや触感を紹介すると、阿波連小の子どもたちからどよめきが。

(昆布干しは)朝が早いです

昆布干しのお手伝いの大変さを、利尻小の子どもたちが紹介。昆布漁は朝3時半に出航。昆布漁・昆布干しは朝が早い。

検査を受けて出荷される利尻昆布。利尻島の生活を支える大切な収入源であることを伝える。

　授業当日、オンラインで初めて顔を合わせた両校の子どもたち。小笠原先生が本物の昆布を持ち、「とっても長くてヌルヌルしてるんです」と画面に近づけると、生の昆布を見たことがない阿波連小の子どもたちは食い入るように顔を近づけます。昆布が身近にある利尻小の子どもたちは少し誇らしげな様子。児童によるクイズや漁の道具紹介、漁師の父親と親子共演した動画など、昆布漁についてのわかりやすい解説が興味・関心を高めます。

　一方、阿波連小は、昆布をだしではなく見える形で多彩に使う琉球料理について、クイズや模型、味見の実演をしながら、楽しく紹介します。まとめとして玉城先生が、昆布のとれない沖縄でなぜ昆布料理が盛んに食べられているかの「不思議」を探ります。江戸時代から北海道と沖縄がつな

がっていたこと、北前船が通った「昆布ロード」の歴史について話します。さらに小笠原先生からは、利尻にとっての昆布は、年間の生産額が「8億5269万6,000円」に上ること、生活を支える上で大切な産業であることが伝えられました。

　ワークシートには、「昆布は沖縄で育っていると思っていたけど、この授業を通して北海道から来ているとわかった(阿波連小・児童)」「昆布は自分の町だけでなく、とても遠い沖縄でも大切にたくさん食べられているんだなと思いました(利尻小・児童)」とあるなど、昆布という食材を通してお互いの地域や生活、歴史を知り、視野を広げていることがわかります。

　ICTと給食の活用により、奥行きのある授業が実現しました。

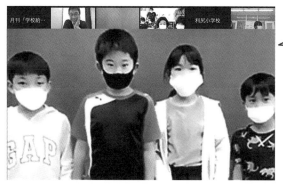

沖縄県で食べられている
昆布は、ほとんどが
北海道産です

市場へ見学に行き、昆布について調べてきたことを発表する、阿波連小の1、2年生。

昆布（クーブ）を使った琉球料理、クーブイリチーやクーブジューシー等について、3択クイズを出題しながら説明する、阿波連小の3、4年生。

豚のだしとかつおのだしを合わせたのがソーキ汁です

問題　クーブイリチーのイリチーとは何のことでしょうか？

① かまぼこ
② いため物
③ 昆布

阿波連小の5、6年生は、家庭科や社会科で学んできたことを踏まえ、琉球料理についてさらに詳しく紹介。ソーキ汁のだしを実際に飲んで感想を伝える。

重箱（ウサンミ）の中に奇数の具材を入れます

琉球料理の昆布の結び方や切り方を、紙を使って解説。目に見える形で使われていることがわかる。

お祝いなどに食べられる重箱（ウサンミ）の中身を、模型を使って説明。

旧正月のお祝い料理として、2月1日に提供された「クーブイリチー」。

月曜の給食献立

・旧暦12月29日おおみそか

ソーキ汁（結び昆布）

火曜の給食献立

・旧暦1月1日　旧正月

クーブイリチー（昆布の炒め煮）

沖縄の大切な食文化を守り続けるため、行事食として給食に取り入れていることを、玉城先生が説明。昔から中国との関わりが深い沖縄には、旧暦の文化が残る。

昆布を使った琉球料理を紹介～利尻小学校

交流授業前に提供された琉球料理「クーブジューシー、にんじんしりしり、サーターアンダーギー」。「もっともっと沖縄の料理を知りたくなりました」と、大好評だった。

沖縄県の旧暦の大晦日の行事食、肉汁を提供。骨つき肉が手に入らなかったが、玉城先生に教わったレシピで再現した。

児童の感想には、初めての味や沖縄料理に関心を寄せる内容が多く見られた。

「昆布ロード」を旅する料理を紹介～阿波連小学校

【北海道】

「道産たまねぎのかき揚げ丼、大豆とわかめのサラダ、どさんこ汁（昆布だし）、りんご」

【富山県】

「とろろ昆布おにぎり、魚の照り焼き、大根のごま酢あえ、すり身汁、おしゃぶり昆布」

【大阪府】

「麦ご飯、揚げタコ、小松菜のたいたん、船場汁、昆布の佃煮」

【鹿児島県】

「もちきびごはん、豚のしょうが炒め、白菜の昆布あえ、薩摩汁、黒糖のふくれ菓子」

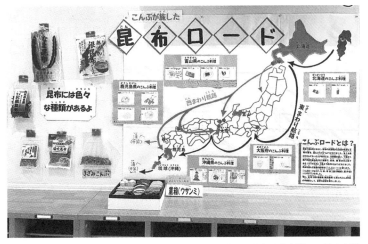

【沖縄県】

「クーブジューシー、ミヌダル（黒ごまのタレをのせて焼く豚肉料理）、大根ウサチー、アーサ汁、シークァーサーゼリー」

江戸時代、北前船が北海道から昆布を運んだ道、「昆布ロード」を、立ち寄った地域に伝わる郷土料理と共に地図で示した掲示物。全国学校給食週間に5道府県の昆布料理を実施し、「昆布レター」と共に印象深く伝えた。

沖縄県渡嘉敷村立
渡嘉敷小中学校・実践例

教諭（T1）／栄養教諭（T2）（T3）
[玉城恵子（栄養教諭）、伊藤志織（富山大学教育学部附属特別支援学校・栄養教諭）、藤本勇二]

昆布が結ぶ沖縄と富山

沖縄県と富山県の栄養教諭が黒糖と昆布の交流、昆布ロードや昆布の食文化について、オンラインで沖縄県の中学生に説明します。栄養教諭の昆布の話と、黒糖豆を食べる体験が結びつく、ハイブリッドの交流学習です。

※授業は渡嘉敷小中学校にて、中学1年生〜3年生を対象に行われた。

≫ 授業のポイント

　富山県の栄養教諭が語る、富山の昆布文化や昆布についての思いを通し、沖縄県の中学生が自分の地域の産物やそこに暮らす人びとへ目を向けるきっかけになります。そうした地域に目を向ける教材として昆布があり、沖縄と富山の交流を象徴的に示したプロサッカーリーグに関する記事から、昆布の学習を始めます。

≫ 本時の目標

・黒糖と昆布をきっかけとした沖縄と富山の交流を通して、沖縄と他の地域の関わりの歴史を理解し、沖縄の食材の良さに目を向ける。

≫ 食育の視点　【食文化】

・自分たちの住む地域（沖縄県）には、昔から伝わる料理、昆布に関わる食文化があることを理解できるようにする。

≫ 授業の流れ　（全1時間）

1　サッカーを通じて協定が結ばれたことを知る。（藤本）

・サッカー九州リーグの沖縄SV（エス・ファウ）とJ3リーグのカターレ富山が、地元食材を送り合った交流がきっかけで、沖縄県と富山県の団体が包括協定を締結したことを紹介。「サッカーをきっかけに協定が結ばれたんだ！」「何を送り合ったんだろうか？」

2　協定が結ばれた理由を相談する。

・沖縄県と富山県のつながりについて、食の視点から取り上げて話し合うようにする。（玉城）

・沖縄SVが、縁がある国内のサッカークラブ約10チームに黒糖100kgを贈り、そのお礼としてカターレ富山が昆布を送ったこと、それをきっかけに沖縄県黒砂糖協同組合と北陸昆布協会が包括協定を締結したことを紹介する。（藤本）

3　昆布に関して話を聞く。

・富山県の昆布の消費、ソフトクリーム、北前船と昆布のつながりについて話す。（伊藤）

> 「富山県民のご飯のお供は『とろろ昆布』。きときと（新鮮）の魚の刺し身を昆布で挟んだ『昆布じめ』がおいしい。富山県には、ソフトクリームにとろろ昆布をのせた商品を売っている店がある」

・とろろ昆布は沖縄ではあまり食べないので、昨年給食で食べるのに苦戦したことを思い出させたり、沖縄では、昆布は「重箱（ウサンミ）」や、昆布巻、クーブイリチー、ソーキ汁で食べることを話題にしたりする。（玉城）

4　昆布の交易で沖縄から富山に何が送られていたか話し合う。（藤本）

「魚」「米」「マンゴー」「サトウキビ」

5　黒糖について考える。

・あやめ団子、黒糖豆の例を挙げて、沖縄の黒砂糖が富山県の食文化につながっていることを紹介する。（伊藤）

・伊藤先生の話に出てきた（食べていた）黒糖豆を取り出し、
生徒へ「食べてみたい？」と問い掛け、試食につなげる。（玉城）

6　本時の学習にタイトルをつけて、振り返る。

・沖縄のものが他の地域に影響を与えている例として、昆布の話、
昆布ロードの説明、渡嘉敷（慶良間諸島）の水夫の話をパワーポイントで説明する。（玉城）

▲試食した黒糖豆。

> ○「今日の学習は役立ちましたか？」の問い掛けに対する答えと、授業のタイトルを生徒に考えさせワークシートに書くように促す。（藤本）

《生徒の感想より》[タイトル：地域の食と貿易のつながり、昆布でつながる日本の食]

●今回、食について学んで、地域それぞれの食文化があって、文化が違っていても、違うからこそ関わり合えるとわかりました。自分は知らなかった食材の使い方を知ってびっくりしたけど、面白かったです。今回学んだこと以外にも、自分たちと関わりがないと思っていることでも、実は何かで関わっているものがあるのかもしれないと思いました。

》 授業の板書

》応用できます！

・北前船の寄港地にある食文化を調べる。【中学校・社会科（歴史）】

》本時の展開

時間	学習活動	指導上の留意点	資料等
9時35分	1．サッカーを通じて協定が結ばれたことを知る。	○プロスポーツの話題を取り上げてプロサッカーに焦点化する。	▽協定の写真
9時40分	2．協定が結ばれた理由を相談する。	○沖縄県と富山県のつながりについて食の視点から取り上げるようにする。 ○沖縄県黒砂糖協同組合と北陸昆布協会が包括協定を締結した経緯を紹介する。	▽ワークシート
9時45分	3．富山の伊藤先生から昆布と黒糖に関して話を聞く。 ・富山県の昆布の消費 ・北前船と昆布のつながり	○富山県の昆布の消費、とろろ昆布がのったソフトクリーム、北前船と昆布のつながりについて話す。	▽Zoom
10時	4．黒糖について考える。	○あやめ団子、黒糖飴の例を挙げて沖縄の黒砂糖が富山県の食文化につながっていることを紹介する。 ○伊藤先生から黒糖について質問する。 Zoom を通して紹介してもらう。	
10時5分	5．ほかにも沖縄のものが他の地域へ影響を与えているものを探す。	○玉城先生から昆布の例に話をする。	
10時15分 10時25分	6．振り返る。	○渡嘉敷や沖縄のいいものを藤本に紹介する。	

※「本時の展開」（指導案）と、実際の授業の流れとは若干異なります。

食体験を通して ICT 活用を最大化する交流学習

本実践は、LINEを使って打ち合わせをしながら構想しました。その上で、富山県における昆布文化や沖縄県にとっての昆布の意味については、それぞれの栄養教諭が生徒に話す内容を決め、「本時の展開」に示した簡単なシナリオを基に、授業を実践しました。伝えたいことが明確になっているために、細かい打ち合わせをしなくても、大切な内容は生徒に伝えることができることを示しています。

Zoom Meetingsの画面越しに富山の伊藤栄養教諭が紹介する昆布の食文化の話題、とろろ昆布をのせたソフトクリーム、そして沖縄から送られた黒糖をまぶしたお菓子、それを紹介する場面では、生徒も「食べてみたい」という気持ちが高まります。

その瞬間を捉え、玉城栄養教諭が「伊藤先生が食べているお菓子がここにあるけど食べますか」とポケットから取り出しながら問い掛けると、生徒から「食べたい」という言葉が自然に出てきました。

オンラインによってつながった富山と沖縄の距離が、食体験を通して一気に近づいた瞬間でした。

授業の終末に書いた「今日の学習のタイトル」や「自分にとって学習は役に立ったか」と問い掛けたワークシートの記録には、生徒それぞれの思いを大切にしながら、授業の目的が実現できたことを見てとることができます。

栄養教諭は、ご自分の地域の食に関わる豊かで深い知識を基に、児童生徒にわかりやすく説明することを、すでにこれまで実践しています。その財産を基にすれば、さらに他の地域の児童生徒にも話をすることができるのです。

交流学習というと、特別でハードルの高いものと捉えがちですが、本事例のような形の実践であれば、ハードルを下げることができ、そのことが栄養教諭の存在意義とも密接につながっています。

ひとくちレッスン　栄養教諭の専門性を生かす交流学習

食を通した交流は、栄養教諭の専門性の発揮のしどころとなります。オンラインによって他の地域と情報を交換したり、自分の地域の特徴を紹介したりすることで、地域の良さやその価値に気づくことができます。

その中で給食という直接体験につなげたり、交流にまつわる食の体験を取り入れたりすること

によって、オンラインでは得られにくい実感を手にすることができます。こうしたハイブリッド型ともいえる交流学習を実現できるのは、栄養教諭の存在があるからです。栄養教諭が他の地域の子どもたちにオンラインを通して話す、語る、伝える授業の形を、今後積極的に進めていこうと思っています。

編著者プロフィール

藤本勇二
（ふじもと・ゆうじ）

武庫川女子大学教育学部教育学科教授。徳島県内小学校教員を経て現職。「学校における食育実践を考える研究会」主宰。文部科学省・小学生用食生活学習教材作成委員、今後の学校における食育の在り方に関する有識者会議委員を務める。主な著書：『学びを深める 食育ハンドブック』（学研）、『ワークショップでつくる 食の授業アイデア集』『入門・食育実践集』（全国学校給食協会）ほか。

第2章・第3章／執筆者一覧（※執筆・実践当時在籍）

岩手県紫波町学校給食センター（日詰小学校所属）　飛塚美智子
長野県松本市西部学校給食センター（現・山形村立山形小学校）　斉藤 歩
新潟県長岡市立新町小学校　津軽智子
熊本県熊本市立西原中学校　松岡珠美
広島県廿日市市立大野東小学校（大野学校給食センター兼務）　大田和子
兵庫県芦屋市立朝日ケ丘小学校　友延光代・有岡真依子・井上佳代子
兵庫県丹波篠山市立城南小学校　新川英里・赤松あゆみ・岡田恵美（城東小学校所属）
兵庫県朝来市立中川小学校　川口純弥
兵庫県市川町立甘地小学校　大西 裕
静岡県浜松市立曳馬小学校　熊谷萌々子
新潟大学附属長岡小学校　稲葉謙太郎・安達麻衣子
京都府亀岡市立大井小学校　日車光佑
東京都狛江市立和泉小学校　早乙女理恵
大阪府堺市立英彰小学校　谷川 彩・澤井智子・雪本純子
北海道利尻富士町立利尻小学校　小笠原有沙
沖縄県渡嘉敷村立渡嘉敷小中学校　玉城恵子
※交流校・ゲストティーチャー等は該当ページに記載しています。

装丁／周 玉慧
イラスト／藤井美代子
編集／奥山芽衣・湯浅文子・望月章子

ICT活用編・食育実践集

2024年7月10日発行

編著者　藤本勇二
発行者　望月章子
発行所　全国学校給食協会
　　　　〒102-0074　東京都千代田区九段南2-5-10 九段鶴屋ビル1F
　　　　https://school-lunch.co.jp
　　　　Tel.03-3262-0814　Fax.03-3262-0717
印刷所　株式会社 技秀堂
製本所　株式会社 明光社

ISBN978-4-88132-069-3　C1037
落丁本・乱丁本はお取り替えします。
©Yuji Fujimoto 2024 Printed in Japan

※本書には、月刊『学校給食』（全国学校給食協会）2022年6月号特集「教えて! ICTと食育」、連載「拝見!食の授業」（2019年3月号〜2024年6月号）に掲載した内容に加筆・修正し収録したものも含まれています。
※参考文献は該当ページに記載しています。